湖南省教育厅科学研究重点项目"数字经济发展对我国碳排放的影响机制与效应研究"（22A0400）

互联网发展
对城市绿色全要素生产率的影响研究

刘运材 ◎ 著

中国财经出版传媒集团

经济科学出版社
Economic Science Press

图书在版编目（CIP）数据

互联网发展对城市绿色全要素生产率的影响研究/
刘运材著 . －－北京：经济科学出版社，2022. 12
　ISBN 978 － 7 － 5218 － 4435 － 1

　Ⅰ. ①互… 　Ⅱ. ①刘… 　Ⅲ. ①互联网络 － 影响 － 城市
经济 － 绿色经济 － 全要素生产率 － 研究 － 中国 　Ⅳ.
①F299. 2

　中国国家版本馆 CIP 数据核字（2023）第 012274 号

责任编辑：胡成洁　崔新艳
责任校对：靳玉环
责任印制：范　艳

互联网发展对城市绿色全要素生产率的影响研究

刘运材　著
经济科学出版社出版、发行　新华书店经销
社址：北京市海淀区阜成路甲 28 号　邮编：100142
经管中心电话：010 － 88191335　发行部电话：010 － 88191522
网址：www. esp. com. cn
电子邮箱：expcxy@ 126. com
天猫网店：经济科学出版社旗舰店
网址：http：//jjkxcbs. tmall. com
北京季蜂印刷有限公司印装
710 × 1000　16 开　12. 75 印张　220000 字
2023 年 5 月第 1 版　2023 年 5 月第 1 次印刷
ISBN 978 － 7 － 5218 － 4435 － 1　定价：65. 00 元
（图书出现印装问题，本社负责调换。电话：010 － 88191545）
（版权所有　侵权必究　打击盗版　举报热线：010 － 88191661
QQ：2242791300　营销中心电话：010 － 88191537
电子邮箱：dbts@ esp. com. cn）

序　　言

当前，我国经济已经进入高质量发展阶段，提高绿色全要素生产率是实现我国经济高质量发展的重要途径。随着以互联网为代表的新一代信息技术在我国的广泛应用，对我国经济社会各个方面产生了深刻影响。那么，互联网发展与经济增长质量有何关系？是否影响我国绿色全要素生产率？是通过什么机制影响全要素生产率的？如何优化互联网发展来促进我国经济高质量增长？这些是值得深入探讨的问题。

本书在对互联网发展和绿色全要素生产率的相关文献进行全面梳理的基础上，借鉴环境经济学、信息经济学的相关理论，首先从理论层面阐释了互联网发展对绿色全要素生产率的影响，基于我国地级以上城市数据，对互联网发展和绿色全要素生产率进行了全面测度；其次，以我国 255 个城市作为研究对象，从全国、分地区、分时段、异质性影响、网络效应与滞后效应六个方面探析了互联网发展对绿色全要素生产率的影响效应，并从技术创新、产业升级和节能减排三个方面实证检验了互联网发展对绿色全要素生产率的影响机制；最后，根据理论分析和实证检验结果提出了优化互联网发展促进我国经济高质量增长的政策建议。

本书的研究结论如下。

第一，2003 ~ 2016 年，我国互联网发展水平总体呈上升趋势；分区域看，东部地区的互联网发展水平最高，而中部地区最低。在此期间，我国绿色全要素生产率指数呈稳步上升趋势，从绿色全要素生产率增长的来源看，技术进步与效率改善共同促进了绿色全要素生产率的提高，并且绿色技术效率的贡献更大；分地区来看，东部、中部、西部地区绿色全要素生产率指数差异并不大，按照绿色全要素生产率指数均值排名为：西部 > 中部 > 东部；在绿色全要素生产率的分解方面，东部地区的绿色技术进步指数最高、中部最低；而绿色技术效率指数则西部最高、东部最低。

第二，静态和动态回归结果均表明，互联网发展对我国绿色全要素生产率有显著正向影响，并且这一影响效应主要通过互联网发展促进绿色技术效率提升来实现。分地区来看，互联网发展对我国东部、中部、西部地区绿色全要素生产率的影响效应存在显著差异，互联网发展对我国绿色全要素生产率的影响效应表现为"中部＞东部＞西部"的态势；分时段比较，互联网发展对我国绿色全要素生产率的影响效应在 2014～2016 年这一时段最大，其次为 2009～2013 年时段，而在 2003～2008 年时段没有显著影响。控制变量方面，经济发展水平、环境规制、市场化程度和研发投入对我国绿色全要素生产率具有显著的正向影响，而产业结构、政府规模对我国绿色全要素生产率具有显著负向影响，外商投资水平对我国绿色全要素生产率的影响不显著。

第三，运用动态面板模型系统广义矩估计法，分别从城市经济发展水平、城市规模与等级、人力资本、资源禀赋、市场化程度、产业结构和环境规制强度七个方面实证检验了互联网发展对绿色全要素生产率的异质性影响，发现相对于低收入城市、大城市、地级城市、低人力资本城市、资源型城市、低市场化水平城市、工业主导型城市、非"两控区"城市而言，互联网发展对高收入城市、中小城市、副省级以上城市、高人力资本城市、非资源型城市、高市场化水平城市、服务业主导型城市、"两控区"城市绿色全要素生产率的正向影响效应更大。

进一步检验了互联网发展对绿色全要素生产率影响的网络效应和滞后效应，发现当互联网普及率超过 42.5% 时，互联网发展对绿色全要素生产率的影响具有显著的网络效应，而互联网发展对绿色全要素生产率的滞后效应并不明显。

第四，利用中介效应模型进行影响机制检验，发现技术创新、产业升级、节能减排在互联网发展影响绿色全要素生产率中均具有部分中介效应。具体来说，互联网发展通过提高城市技术创新能力，推动产业升级，降低单位 GDP 用电量，降低单位 GDP 二氧化硫、废水、烟粉尘排放六种渠道提高绿色全要素生产率；技术创新、产业升级、单位 GDP 用电量、单位 GDP 二氧化硫排放、单位 GDP 废水排放、单位 GDP 烟粉尘排放六种中介效应占总效应的比重分别为 24.1%、8.9%、4%、38.8%、6.5%、5.8%。

第五，基于本书的研究结论和我国互联网与绿色全要素生产率的发展现状，从政府大力推动互联网基础设施建设、消除地区间的"数字鸿沟"，企业积极融入"互联网＋制造"、不断提高城市技术创新能力，利用互联网技术发展新业态、积极推动第三产业发展、加快产业升级步伐，借助互联网技术手段大力推进节能减排，提高居民环保意识、倡导绿色消费、推动"互联网＋物流"的绿色物流体系建设，因地制宜、综合施策、完善互联网发展的配套措施六个方面，提出了优化互联网发展促进我国经济高质量增长的政策建议。

目　　录

第1章

绪　　论

1.1　研究背景

改革开放以来，我国经济快速增长，创造了全球经济增长的奇迹。然而，我国经济长期以来的粗放式发展对生态环境造成了严重破坏，导致极端气候频繁发生，比如2013年出现的雾霾席卷了大半个中国，对人们的生产生活和身体健康造成严重影响。改变我国经济增长方式，实现经济增长由要素投入向创新驱动转变十分重要和紧迫。

根据内生经济增长理论，技术进步对经济增长具有重要促进作用，而全要素生产率（TFP）反映了技术进步对经济增长的贡献，是衡量经济增长质量的重要指标。2015年的政府工作报告指出提高全要素生产率。然而，传统的全要素生产率核算并未考虑能源消耗与污染排放，未能体现绿色发展的理念。在资源环境问题日益成为我国经济发展重要制约因素的背景下，考虑环境影响的绿色全要素生产率体现了可持续发展理念，符合我国经济增长由投资驱动转变为创新驱动的需要，是体现我国经济增长质量的重要内容。因此，提高绿色全要素生产率成为新发展阶段下推动我国经济高质量发展的重要途径。

自 20 世纪 40 年代世界上第一台计算机诞生以来,随着计算机技术与通信技术的快速发展、相互渗透与融合,20 世纪 80 年代,美国国防部高级研究计划署(ARPA)开发出 TCP/IP 协议,互联网应运而生。基于互联网的万物互联以及信息快速传播特性,其应用越来越广泛,已经渗透到人类生产生活的各个方面,对人类社会产生了深远影响。国际互联网 1994 年开始引入我国,经过短短 20 多年的时间,我国互联网发展取得了巨大的进步。我国互联网用户快速增长,根据中国互联网络信息中心发布的统计数据,从 1997 年 10 月到 2021 年 6 月,我国互联网用户数由 62 万人增加到 10.11 亿人,互联网普及率从不到 1% 增长到 71.6%。人们由最初利用互联网来获取新闻、商业与科技信息、收发电子邮件等到现在利用互联网进行社交、娱乐、购物、信息搜索、出行、医疗、教育等,互联网在人们生产生活中获得了十分广泛的运用。(移动)互联网(包括移动互联网)就像阳光、空气和水一样,已经渗透到社会生活的方方面面(李海舰等,2014)。互联网的快速发展对人们的传统生产生活方式产生了颠覆性影响。互联网加快了信息传播的速度,降低了信息传播的成本,最大限度减少了信息不对称。互联网发展通过互联网技术、互联网平台和互联网思维推动区域技术创新、产业结构升级,深刻改变了传统行业的生产方式和商业模式,将成为促进我国经济高质量发展的新动力。

推动城市经济的绿色转型,既需要外部的政策支持,也需要内部的强大动力。在政策支持这一点上,我国已经形成了绿色发展的共识,党的十八大提出的"美丽中国"建设和十八届五中全会提出的新发展理念,都体现出国家对环境保护和生态文明建设的高度重视。同时,为保证生态文明建设的顺利推进,国家相继出台了一系列政策措施,比如改进地方党政领导干部政绩考核办法,修订《中华人民共和国环境保护法》《中华人民共和国大气污染防治法》《中华人民共和国水污染防治法》,制定《中华人民共和国土壤污染防治法》,实施中央环保督察制度等。这一系列措施为我国的绿色发展创造了良好政策环境和法治保障。

内部动力对提升绿色全要素生产率更为重要。在资源利用与环境保护方面,互联网能够降低技术创新成本,提高企业绿色技术创新能力,改善能源效率;互联网所带来的新业态、新模式以及国家实施的"大众创业、万众创新",给人们创造了更多就业机会,提高了服务业的人口就业比重,推动了产业结构升级;同时,互联网的快速、低成本信息传播特性将提高政府环境监管效率，降低环境治理成本。以上这些表明互联网的发展有利于提高我国绿色全要素生产率。

互联网已经融入人们生产和生活的方方面面，尤其是自 2020 年新冠肺炎疫情暴发以来，由互联网引领的数字经济在我国蓬勃发展，对我国经济发展产生了巨大的促进作用。在当前我国大力推进经济高质量发展的背景下，研究互联网发展对我国经济增长质量和绿色转型的影响具有重要的现实意义。本书将基于城市维度，分析互联网发展对绿色全要素生产率的影响机理，并探讨这种影响的地区差异、制约因素和影响机制，为我国建设网络强国、推动互联网成为我国区域经济绿色转型及高质量发展的新动能提供理论借鉴和政策启示。

1.2　研　究　意　义

1. 理论意义

作为 20 世纪人类社会的一项伟大发明，互联网的出现改变了人类生产生活的方式，不但给人们生活带来了极大便利，而且对国家经济社会发展产生了深远的影响。在理论层面，互联网发展对经济社会发展的影响受到学术界的广泛关注，已有大量文献研究互联网发展对区域经济增长的影响，得出了大量有价值的研究结论，但对于互联网发展如何影响我国能源消耗和污染排放，尤其是如何影响我国绿色全要素生产率还很少涉及，从这个角度来说，本研究具有较强的理论意义。

本研究基于城市面板数据，对互联网发展如何影响绿色全要素生产率进行全方位多角度考察。不仅从总体、分区域、分时段角度考察互联网发展对绿色全要素生产率的影响，还分别从经济发展水平、城市规模与等级、人力资本、资源禀赋、市场化程度、产业结构类型及环境规制强度七个方面检验了互联网发展对绿色全要素生产率的异质性影响；不仅考察了互联网发展对绿色全要素生产率的直接影响，还从技术创新、产业升级及节能减排三个方面探讨了互联网发展对绿色全要素生产率的间接效应。此外，本书还结合面板门槛模型检验了互联网发展对绿色全要素生产率的网络效应，利用动态面板模型考察了互联网发展对绿色全要素生产率的滞后效应。

在实证分析中，不但采用了静态面板模型进行估计，还采用了动态面板模型进行回归，通过运用 IV-2SLS 法克服遗漏变量和双向因果造成的内生性问题，运用替换解释变量、工具变量法进行稳健性检验。总之，本书的研究将在视角、内容、方法、结论等方面进一步丰富互联网发展与城市绿色发展领域的相关研究，深化关于互联网发展对绿色全要素生产率的影响机制的认识，为我国通过实施网络强国战略实现区域经济高质量发展提供学理依据。

2. 现实意义

在当前我国大力推进绿色、低碳、可持续发展和"美丽中国"建设的背景下，作为反映经济绿色转型和高质量发展的重要指标，绿色全要素生产率在我国区域经济可持续发展中具有举足轻重的地位。如何提升我国的绿色全要素生产率成为各级政府需要认真思考的重大现实问题。我国从 20 世纪 90 年代开始接入互联网，经过短短 20 多年发展，互联网已经深度融入人们的生活，对我国的经济社会发展产生了巨大的影响。作为新一代信息传播手段，互联网能够实现社会个体对所需信息的及时获取和精准匹配，有利于降低社会经济中交易双方信息的不对称，大大减少经济主体的交易成本，从而促进区域技术创新并提高资源配置效率。

与传统经济模式下的规模报酬递减不同，互联网具有规模报酬递增的网络外部性，也就是说，网络规模越大，网络对每个用户的价值越高。互联网能够产生显著的知识和技术溢出效应，有利于推动区域技术创新、产业结构升级以及实现节能减排，从而促进区域经济绿色发展。本书以互联网发展对城市绿色全要素生产率的影响效应和机制为研究主题，通过对不同条件下互联网发展对绿色全要素生产率影响效应的全面分析，有助于全面厘清和阐释互联网发展对绿色全要素生产率的作用特征和变化规律，将为政府部门制定合理的互联网发展政策、推动不同类型城市绿色全要素生产率的提高提供有益的参考和借鉴。

1.3 研究内容与研究思路

1.3.1 研究内容

在我国经济发展进入新时代、国家大力推进"美丽中国"和网络强国建设的背景之下，本研究以互联网发展对绿色全要素生产率的影响为研究对象，利用环境经济学与信息经济学的相关理论，着力探讨互联网发展对绿色全要素生产率的影响效应，深入揭示互联网发展对绿色全要素生产率的影响机制，并提出合理利用互联网推动区域经济高质量增长的政策建议。

　　本研究将按照理论分析—指标测度—实证检验—政策建议的逻辑思路展开，重点研究互联网发展对城市绿色全要素生产率的影响效应及影响机制。考虑到与省级面板数据相比，城市面板数据样本容量较大，数据信息更丰富，从而研究得出的结论更加可靠，因此本研究利用我国地级以上城市作为研究样本。为了全面分析互联网发展对绿色全要素生产率的影响效应，本研究将影响效应分为基本分析和拓展分析两部分，基本分析包括三个方面：（1）从全国层面，分别构造静态和动态面板数据模型，分析互联网发展对绿色全要素生产率及其分解的影响；（2）将样本城市分成东部、中部、西部地区，分析互联网发展影响绿色全要素生产率及其分解的地区差异；（3）将研究时间分成 2003～2008 年、2009～2013 年、2014～2016 年三段，分别讨论不同时段互联网发展对绿色全要素生产率及其分解影响的差异。拓展分析也分为三个方面：（1）按照城市的经济发展水平、城市规模与等级、人力资本、资源禀赋、市场化程度、产业结构类型、环境规制强度对样本城市进行分组，分别考察不同分组情况下互联网发展对绿色全要素生产率及其分解的异质性影响；（2）利用面板门槛模型检验互联网发展对绿色全要素生产率的网络效应；（3）利用动态面板模型检验互联网发展影响绿色全要素生产率及其分解的滞后效应。影响机制分析则通过构造中介效应模型来实现，选择的中介变量包括技术创新、产业升级与节能减排，以此检验互联网发展对我国绿色全要素生产率的影响渠道。

　　具体来说，本书的章节安排如下。

　　第 1 章为绪论，包括研究背景与意义、内容与思路，创新之处，从而为全文提供一个整体性概括。

　　第 2 章为互联网发展对绿色全要素生产率影响的相关文献综述。主要从三个方面展开，包括互联网发展及其经济影响的研究、绿色全要素生产率的相关研究以及互联网发展对绿色全要素生产率的影响研究。在文献梳理的基础上进行总体评价，找出现有研究的优点与不足，从而为本书的研究提供思路与借鉴。

　　第 3 章为互联网发展对绿色全要素生产率影响的理论分析。本章主要包括四个方面的内容：一是互联网发展及其影响效应；二是绿色全要素生产率及其影响因素；三是互联网发展对绿色全要素生产率的影响机理，包括影响作用和影响机制两部分，其中影响机制又分别从技术创新、产业升级与节能减排三个方面展开；四是互联网发展对绿色全要素生产率影响的进一步分析，包括互联网发展对绿色全要素生产率的异质性影响、网络效应与滞后效应。

第 4 章为中国互联网发展与绿色全要素生产率的测度。本章首先根据《中国统计年鉴》《中国城市统计年鉴》《中国区域经济统计年鉴》以及各省市统计年鉴数据对 2003～2016 年中国互联网发展的时间演变和空间差异进行全面分析，探讨互联网发展的区域差异（即"数字鸿沟"）；其次，利用基于非期望产出的 SBM 方向距离函数和 GML 指数测算全国 282 个地级以上城市的绿色全要素生产率，在此基础上，分别从全国及区域层面对我国绿色全要素生产率的时空变化进行比较分析；最后，对样本城市的互联网发展与绿色全要素生产率进行相关性分析及格兰杰因果检验。

第 5 章为互联网发展对绿色全要素生产率影响实证的基本分析。本章从三个方面展开：一是通过构建静态面板数据模型与动态面板数据模型，从全国层面分析互联网发展对绿色全要素生产率及其分解的影响效应；二是将样本城市划分为东部、中部、西部地区，分析互联网发展对不同地区绿色全要素生产率的影响效应；三是将研究时期分成三段，分析不同时间段互联网发展对绿色全要素生产率的影响效应差异。在此基础上，运用工具变量法克服模型的内生性问题，并且采取多种方法进行稳健性检验。

第 6 章为互联网发展对绿色全要素生产率影响实证的拓展分析。本章包括三方面内容：一是分别基于经济发展水平，城市规模与等级、人力资本、资源禀赋、市场化程度、产业结构类型及环境规制强度的差异对样本城市进行分组，采用动态面板模型分组回归的方法考察互联网发展对不同组别城市绿色全要素生产率的异质性影响；二是以互联网普及率作为门槛变量，运用面板门槛回归模型检验互联网发展对绿色全要素生产率的网络效应；三是检验互联网发展对绿色全要素生产率的滞后效应。

第 7 章为互联网发展对绿色全要素生产率的影响机制检验。本章采用中介效应模型，分别从技术创新、产业升级和节能减排三个方面，实证检验互联网发展对绿色全要素生产率的影响机制。

第 8 章为优化互联网发展促进我国经济高质量增长的政策建议。本章将结合前面分析结果及中国互联网发展与绿色全要素生产率的实际，围绕政府、企业、居民三大主体，分别从技术创新、产业升级和节能减排等多角度提出相关政策建议，包括政府加大互联网基础设施建设、消除地区间的"数字鸿沟"；企业积极融入"互联网＋制造"、不断提高城市技术创新能力；充分利用互联网发展新业态，积极推动第三产业发展，加快产业结构升级；借助互联网技术手段大力推进节能减排；提高居民环保意识、倡导绿色消费，推动"互联网＋物流"的绿色物流体系建设；因地制宜、综合施策，完善互联网发展的配套措施。

第 9 章为本书的结论和对未来研究的展望。

1.3.2 研究思路

本书的研究思路见技术路线图（见图 1 - 1）。

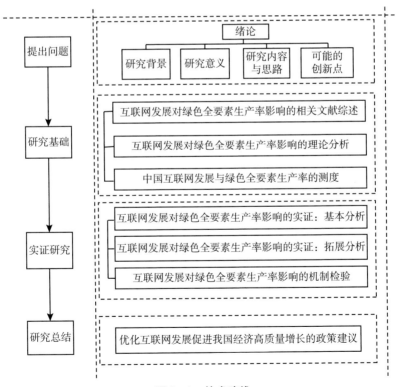

图 1 - 1 技术路线

1.4 研究方法与可能的创新点

1.4.1 研究方法

本书采用理论分析与实证检验相结合的方法，通过梳理相关文献找出互联网发展与绿色全要素生产率之间存在的逻辑关系，同时构建一些现代计量经济模型对理论分析进行实证检验。

（1）文献归纳法。文章首先从互联网发展产生的经济效应、绿色全要素生产率的概念及影响因素、互联网发展与绿色全要素生产率的关系等方面对现有文献进行系统梳理、归纳分析及评价，找出现有研究值得借鉴之处与存在的不足，为文章后续的理论和实证分析奠定基础。

（2）基于 SBM 模型的 Malmquist-Luenberger 生产率指数法。采用非参数的数据包络分析法（DEA）测算全要素生产率的优点在于不需要考虑价格因素及生产函数的具体形式，并且能够对生产率进行分解。绿色全要素生产率是考虑了能源消耗和污染排放的全要素生产率，本书选择全国 282 个地级以上城市 2003～2016 年的数据，以劳动、资本和能源消耗作为投入变量，分别用全社会从业人员（单位从业人员与私营个体从业人员之和）、资本存量和城市用电量代替；产出包括两个方面，期望产出为地区生产总值，非期望产出为城市工业二氧化硫排放量、工业废水排放量和烟粉尘排放量。在测算出各城市全局 Malmquist-Luenberger 生产率指数（GML 指数）的基础上，将 GML 指数分解为技术效率变化指数（绿色技术效率 GEC 的增长率）和技术进步指数（绿色技术进步 GTC 的增长率），分别令基期的 GTFP（绿色全要素生产率）、GEC（绿色技术效率）和 GTC（绿色技术进步）为 1，可得其余年份的 GTFP、GEC、GTC。

（3）动态面板模型。在第 5 章和第 6 章互联网发展对绿色全要素生产率的影响效应的实证分析部分，主要构建动态面板模型，分别采用差分广义矩估计（DIF-GMM）与系统广义矩估计（SYS-GMM）进行回归。这是因为绿色全要素生产率具有动态性和累积循环性，某一时期的绿色全要素生产率既受到当期互联网发展的影响。也会受到上一期绿色全要素生产率的影响。同时，采用静态面板模型回归难免会存在遗漏变量的内生性问题，而采用动态面板模型广义矩估计（GMM）进行估计，可以缓解内生性造成的估计偏差。

（4）中介效应模型。中介效应模型是分析自变量对因变量影响机制的常用方法，在第 7 章机制检验中，分别从技术创新、产业升级与节能减排三个方面构建中介变量，检验互联网发展对绿色全要素生产率的影响机制，从而更清楚地阐明互联网发展对绿色全要素生产率的影响渠道。

1.4.2　可能的创新点

与现有研究相比，本书可能存在三点创新。

（1）在研究视角方面，根据文献梳理，发现国内现有的关于互联网发展的研究主要包括两个方面，一是我国互联网发展水平的现状分析，涉及互联网发展水平历史演变与地区差距；二是互联网对我国经济社会发展的影响，包括互联网发展对经济增长、创新、出口、就业的影响等，有少量文献研究了互联网发展对生产率的影响。在我国当前大力推进生态文明建设的新发展阶段，互联网作为新一代信息技术的代表，已经深度融入我国经济社会发展和人们生活中的方方面面，对我国经济运行和社会发展产生了巨大的影响，研究互联网对我国绿色发展的影响具有特殊重要的意义，而目前学术界关于互联网发展对城市绿色全要素生产率影响的文献还很少，因此，本书的研究视角具有一定的创新性。

（2）在研究内容方面，不同于现有大部分基于我国省级层面数据的研究，本书以更为微观的地级以上城市为研究对象，样本更丰富，研究更全面。通过从全国、分地区、分时段、异质性影响、网络效应和滞后效应六个方面多角度分析互联网发展对绿色全要素生产率及其分解的影响，能够全面把握互联网发展对绿色全要素生产率的影响效应。特别是在异质性影响的分析中，分别从经济发展水平、城市规模与等级、人力资本、资源禀赋、市场化程度、产业结构类型和环境规制强度七个方面考察了互联网发展对绿色全要素生产率的异质性影响，有助于深刻认识互联网发展影响绿色全要素生产率的约束条件。此外，本书分别从技术创新、产业升级与节能减排三个方面分析了互联网发展对绿色全要素生产率的影响机制，有利于更好把握互联网发展对绿色全要素生产率的影响渠道。

（3）在研究结论方面，获得了一些新的有价值的研究发现。首先，本书发现不论从全国层面看还是从地区层面看，互联网发展对我国绿色全要素生产率都具有显著的正向促进作用；而从地区层面来看，互联网发展对我国绿色全要素生产率的影响效应存在显著的区域差异，其中互联网发展对我国中部地区绿色全要素生产率的正向促进效应最大，而对西部地区的影响最小。其次，从全要素生产率分解的角度看，根据动态面板模型回归结果，互联网发展对绿色技术进步具有显著的抑制作用，但对绿色技术效率具有显著的促进作用，因此互联网发展主要通过改善绿色技术效率影响绿色全要素生产率。此外，在异质性影响分析中，发现互联网发展对不同类型城市绿色全要素生产率的影响效应存在显著差异，相对于低收入城市、大城市、地级城市、低人力资本城市、资源型城市、低市场化水平城市、工业主导型城市、非"两控区"城市而言，互联网发展对高收入城市、中小城市、副省级以上城市、高人力资本城市、非资源型城市、高市场化水平城市、服务业主导型城市、"两控区"城市绿色全要素生产率的正向影响效应更为显著。最后，在影响机制检验中，发现互联网发展主要通过降低单位 GDP 的二氧化硫排放及提高技术创新能力两种渠道影响城市绿色全要素生产率。

第 2 章

互联网发展对绿色全要素生产率影响的相关文献综述

互联网发展的影响受到学术界的广泛关注，已有大量学者从互联网基础设施、互联网应用等不同角度研究了互联网发展对经济社会的影响。结合本书的选题，下面主要从三个方面对相关文献进行梳理并进行评价。一是关于互联网发展及经济影响的文献，包括互联网发展的经济增长与生产率提升效应；二是关于绿色全要素生产率的相关文献，主要介绍绿色全要素生产率的内涵及其影响因素；三是关于互联网发展对绿色全要素生产率影响的相关文献，包括互联网发展对能源消耗与污染排放影响的相关研究。需要说明的是，互联网作为新一代信息技术的典型代表，是信息与通信技术（information and communication technology，ICT）的最新发展，互联网与 ICT 或 IT（信息技术）、信息产业、信息化、宽带、信息基础设施、数字化等概念在某种程度上具有很大的共性（张骞，2019），因此，本书在做文献梳理时将此类文献一并纳入，并且在下文统一进行评述。

2.1　互联网发展及其对经济影响的研究

2.1.1　中国互联网发展概况的研究

中国自 1994 年开始接入互联网，成为世界上第 77 个全方位接入国际互联网的国家，经过短短 20 多年的发展，互联网在中国从无到有、从少到多，发展迅速，互联网已经广泛融入人们的生产生活，对我国的经济社会产生了深刻影响。自 2002 年以来，有越来越多的学者开始关注中国互联网的发展状况，大部分学者围绕中国互联网发展阶段、区域差距以及互联网对中国经济发展的影响展开，普遍认为中国互联网发展存在明显的"数字鸿沟"，区域和城乡之间差距较大，东部沿海地区互联网普及率高，而中西部内陆地区发展滞后，互联网发展与区域经济发展水平具有高度相关性（王如渊，2002；刘文新和张平宇，2003；刘桂芳，2006；邱娟和汪明峰，2010）。王恩海等（2006）比较了中国与发达国家的网民渗透率，发现中国互联网发展与发达国家差距巨大；通过比较中国各省份的互联网发展指数，发现中国互联网最发达的四个省份为北京、上海、天津、广东，最不发达的省份是贵州。冯湖等（2011）分析了 2002 ~ 2009 年中国网民普及率、互联网商业应用及互联网基础设施的区域差异，发现中国的数字鸿沟逐渐缩小。汪明峰等（2011）考察了 1997 ~ 2008 年中国互联网普及率增长的省际差异，发现存在明显的 σ-收敛和 β-收敛，东部、中部、西部地区存在显著的俱乐部收敛。王子敏等（2018）运用熵值法计算了中国 2006 ~ 2014 年 30 个省份的互联网发展综合水平，通过分析地区间互联网发展差距后发现中国地区间"数字鸿沟"呈扩大趋势，且地区之间不存在 σ-收敛、β-收敛和俱乐部收敛。由此可见，关于中国互联网发展的研究，不同学者的结论有较大差异，这可能是由于最近一二十年来随着信息技术和经济的快速发展，中国的互联网基础设施和互联网应用都发生了巨大变化。

2.1.2　互联网发展对经济增长的影响

国内外已有大量关于互联网发展影响经济增长和生产率提升的相关文

献，主要包括三个方面。

1. 互联网发展对经济增长的影响程度

首先，关于互联网发展是否对经济增长及生产率提升有影响，20 世纪 80 年代到 90 年代中期以前，理论界普遍认为 ICT 对经济增长没有影响或影响很小。例如，罗奇（Roach，1987）发现，虽然 20 世纪 70～80 代美国在 ICT 领域进行了大量的投资，然而，自 1973 年后美国的生产率却出现了明显下降。其中最具代表性的观点为美国经济学家、诺贝尔经济学奖获得者罗伯特·索洛于 1987 年提出的"生产率悖论"（Productivity Paradox），他认为"除了生产率统计，计算机时代无处不在（You can see the computer age everywhere but in the productivity statistics）"①；之后的一些研究也得出类似结论：对于计算机的大量投资并不会明显提高生产率。20 世纪 90 年代以后，随着研究数据的充实以及研究方法的改进，信息技术对经济增长的积极作用逐渐得到学术界的认同，到布林约尔弗森和希特（Brynjolfsson and Hitt，1996）之后关于生产率悖论的争论才逐渐平息。关于 ICT 对经济增长影响的量化研究主要是针对发达国家，这是因为发达国家信息产业发展较早，信息化程度普遍较高，并且相关统计数据比较完善。如乔根森和斯提洛（Jorgenson and Stiroh，1999）研究发现在 20 世纪 90 年代早期信息与通信技术产业对美国经济增长的贡献为 0.16%；斯提洛（Stiroh，2002）从行业角度出发，检验了 20 世纪 90 年代后期美国生产率变化与信息技术的关系，发现信息技术对美国 26 个行业的生产率增长贡献了 0.83 个百分点，对两个信息技术行业贡献了 0.17 个百分点。另外，一些学者进行了互联网发展影响经济增长的跨国比较研究。崔和伊（Choi and Yi，2009）运用世界银行 20 世纪 90 年代 207 个国家和地区的世界发展指数面板数据，发现互联网使用对 GDP 增长具有显著的促进作用。泽米奇等（Czemich et al.，2011）通过利用 OECD 25 个国家 1996～2007 年的数据研究了互联网基础设施对经济增长的影响，结果发现互联网普及率每提升 10 个百分点，将导致人均收入提高 0.9～1.5 个百分点。楚（Chu，2013）利用 201 个国家和地区 1998～2010 年的数据，考察了互联网发展对经济增长的影响，得出互联网普及率每提高 10%，将导致人均 GDP 提高 0.57%～0.63%。

①　Solow R M. We'd Better Watch Out [J]. The New York Review of Books, 1987, 36（Dec, 01）.

从国内来看，不同学者分别研究了信息产业、信息化、信息基础设施、电信基础设施、ICT、宽带、互联网等对区域与行业经济增长及生产率提升的影响。例如，徐升华和毛小兵（2004）分析了1989~2001年我国信息产业对经济增长的拉动作用；孙琳琳等（2012）基于行业面板数据，从ICT资本深化、ICT生产行业的全要素生产率改进以及ICT使用行业的全要素生产率改进三个方面分析信息化对中国经济增长的贡献；刘生龙和胡鞍钢（2010）通过收集我国各省份1988~2007年的数据，实证检验了信息基础设施对我国经济增长具有显著的正外部性。郑世林等（2014）利用1990~2010年我国省级面板数据实证考察了电信基础设施对经济增长的影响。杨晓维等（2015）利用增长核算方法测算1991~2013年ICT在中国经济产出和全要素生产率（TFP）增长中的贡献。何仲等（2013）运用中国2001~2010年的面板数据研究宽带渗透率对经济的促进作用，结果表明，宽带渗透率每提升10%，将带动国民经济提升0.424%。韩宝国和朱平方（2014）运用我国省际面板数据研究了互联网发展与经济增长的关系，发现互联网普及率对中国经济增长具有显著的正向影响，互联网普及率每增长10%能够提高人均GDP约0.19%。郭家堂和骆品亮（2016）运用2002~2014年的中国省级面板数据，从网络技术、网络平台、网络思维和网络效应四个方面分析了互联网对我国TFP的影响，发现互联网对技术进步具有显著的正向影响，但对技术效率具有负向影响，总体上对我国TFP有显著的正向影响。互联网对中国全要素生产率的影响是非线性的，具有显著的网络效应，临界值为互联网普及率达到41.43%。王娟（2016）基于微观企业调查数据的研究表明，"互联网＋"对企业劳动生产率具有显著的影响，但是在不同行业与地区间存在差异。刘姿均等（2017）利用我国2007~2015年的省级面板数据，研究了互联网对经济发展水平与产业结构调整的关系，结果表明：互联网普及率每提高1%，会使人均GDP提高0.742%以及第三产业占比提高0.067%。叶初升等（2018）采用2002~2014年地级市层面的面板数据同样研究了互联网对经济增长和产业结构调整的影响，发现互联网不仅对经济增长产生显著的正向影响，而且有利于产业结构升级。肖利平（2018）运用2006~2016年的分省面板数据估计了"互联网＋"对装备制造业TFP的影响，发现"互联网＋"对装备制造业的TFP有显著促进作用。孙早等（2018）研究发现信息化对全要素生产率有显著的促进作用。黄群慧等（2019）从宏观、中观和微观三个维度全面考察了互联网发展对制造业效率的影响，发现互联网发展对制造业效率有显著促进作用，城市互联网发展指数每提高 1 个百分点，制造业企业的生产率提高 0.3 个百分点。朱秋博等（2019）采用手机信号、信息和通信网络的连接情况作为信息化的衡量指标，运用双重差分法分析了信息化对农业 TFP 的影响，结果表明，信息化对农业 TFP 具有显著的正向影响，但这种影响受农村教育发展水平的制约。

2. 互联网发展影响经济增长的地区差异

根据现有文献，大部分学者认为互联网或 ICT 对区域经济增长产生了显著的影响，但这种影响存在明显的地区差异。总体上看，可以将这些文献的观点大致分为两种，一种是认为互联网或 ICT 发展对发达国家和地区的经济增长有更大的影响；另一种观点认为互联网或 ICT 对不发达国家和地区的经济增长影响更大。

一些学者认为互联网或 ICT 发展对经济发达国家和地区贡献更大。比如，德万和克雷默（Dewan and Kraemer，2000）利用 36 个国家和地区 1985 ~ 1993 年的面板数据估计了 IT 投资对 GDP 产出的影响，得出了发达国家的 IT 投资回报率都显著为正，而在发展中国家却不显著。科莱基亚和施莱尔（Colecchia and Schreyer，2001）通过研究 9 个 OECD 国家 ICT 对经济增长的影响后发现，1980 ~ 2000 年，ICT 每年对经济增长的贡献为 0.2% ~ 0.5%，而 1995 ~ 2000 年，ICT 每年对经济增长的贡献率达 0.3% ~ 0.9%；虽然所有国家经济增长都受益于 ICT 投资，但美国是收益最大的国家，其次是澳大利亚和加拿大，而德国、意大利、法国和日本的 ICT 对经济增长贡献率较低。阿尔克等（Ark et al.，2001）通过将欧盟和美国进行比较，发现在 1990 年以前，ICT 对欧盟经济增长的贡献仅相当于美国的一半。乔根森和本桥（Jorgenson and Motohashi，2005）利用美国和日本 1975 ~ 2000 年的数据进行研究后发现，两国在 1995 年之前 ICT 对经济增长的贡献率美国远远超过日本。乔根森和维（Jorgenson and Vu，2005）通过考察 G7 国家和一些发展中国家的 IT 投资与经济增长的关系，发现 IT 投资对 G7 国家尤其是美国的经济增长发挥了巨大作用，其次是以中国为代表的亚洲经济体，以及其他非 G7 的工业发展国家。达维里（Daveri，2002）研究发现，与美国相比尽管 ICT 在欧盟广泛扩散，但 ICT 对大多数欧盟国家生产率的作用微乎其微，尤其是德国、意大利、法国和西班牙等欧洲大国，从而使人们产生"索洛悖论"在欧洲出现的担忧。从国内的研究来看，王铮等（2006）研究了信息化对省域经济的影响，结果显示，信息化促进了东部地区经济的快速增长，对长江三角洲、珠江三角洲和环渤海地区的经济贡献尤为突出。姜涛等（2010）研究发现我国东部地区信息化发展与经济增长互为因果，中部地区因果关系不明显，西部地区完全没有因果关系。陈玉和（2013）采用 2000～2012 年的省级面板数据，研究了信息要素对我国不同地区经济增长影响的差异，结果为信息要素对东部地区经济增长的贡献度最高，中部次之，西部最低。韩宝国和朱平芳（2014）认为宽带对东部、中部地区经济发展的推动作用显著，但对西部地区经济推动作用不明显。

也有一些学者认为互联网发展对落后地区经济发展影响更大。例如，亚历山大（Alexandre，2008）利用 50 个国家 1981～2004 年的面板数据，研究了 ICT 渗透与总生产效率的关系。结果表明，增加固定电话、移动电话、计算机以及互联网接入的人均资本，会提高所有国家的生产效率，但这主要体现在亚洲、非洲及拉丁美洲等发展中国家。经济合作与发展组织（OECD）国家由于信息技术发展已经很充分，因此贡献反而较低。荣格（Jung，2014）基于 2007～2011 年的数据，研究了互联网对巴西生产率的影响，结果显示，互联网对各地区生产率的影响不尽相同，为欠发达地区带来了更高的生产率增长。陈亮等（2011）利用我国 2001～2008 年 31 个省份的面板数据验证信息基础设施对经济增长的影响，结果表明信息基础设施对中国的经济增长有显著的正向影响。但是对不同区域的影响存在差异，信息基础设施对西部不发达地区经济增长的影响高于全国，而对中部地区的影响低于全国。

综上可得，绝大部分学者认为以互联网为代表的信息技术从总体上看对区域经济增长有显著的正向促进效应，但对不同经济发展程度地区的影响大小存在差异，互联网对经济增长的影响效应受到很多因素的制约，要结合区域经济发展实际进行具体分析。

3. 互联网发展影响经济增长的渠道

关于互联网或信息技术对经济增长或生产率的影响机制，不同学者提出了各自不同的观点。利坦和里夫林（Litan and Rivlin，2001）认为互联网可以从三个方面促进生产率的提高：一是互联网能够显著减少产品和服务在生产及分配中的交易成本；二是互联网提高企业的管理效率、优化管理流程，为企业与顾客及合作伙伴沟通提供便利；三是互联网可以促进竞争、增加价格透明度、拓宽买卖双方市场范围。阿查亚（Acharya，2016）认为 ICT 通过促进研发资本投入、增加无形资本和具有正外部性三种方式来提高全要素生产率。蔡跃洲和张钧南（2015）则认为 ICT 通过替代效应与渗透效应来实现经济增长。替代效应是指技术进步导致的 ICT 产品价格下降使 ICT 资本代替其他资本，而渗透效应是指 ICT 作为一种通用技术，通过渗透和应用于其他产业来实现其全要素生产率的提高，间接促进经济增长。1977～2012 年 ICT 替代效应对中国经济增长的贡献率为 3.4%。郭家堂和骆品亮（2016）采用 2002～2014 年的中国省级面板数据分析了互联网对中国 TFP 的作用，发现互联网对技术进步及 TFP 提升有显著的正向影响，而对技术效率有负向影响。孙琳琳等（2012）认为信息化可以通过 ICT 资本深化、ICT 生产部门的技术进步以及 ICT 作为一种通用目的技术（general purpose technology，GPT）在经济中的广泛应用三种途径促进产出增加或全要素生产率提高。孙早等（2018）基于 1979～2014 年中国分行业 ICT 资本存量、非 ICT 资本存量数据，研究了信息化对全要素生产率的影响，认为信息化通过提高技术进步、规模效率、技术效率和配置效率四条路径促进全要素生产率增长。荆文君和孙宝文（2019）认为基于互联网的数字经济通过增加要素投入、调整要素比重、提高资源配置效率和全要素生产率三条路径促进经济增长。黄群慧等（2019）认为互联网发展通过降低企业交易成本、改善资源配置效率以及增强企业创新能力三种方式促进制造业生产率的提高。王娟（2016）基于微观企业数据，发现互联网通过减少交易费用、调整供应链、实现快速响应和提升人力资本来提高劳动生产率。

归纳起来，可以认为互联网发展主要通过两条途径影响经济增长和全要素生产率。一是 ICT 行业本身发展带来的直接带动效应，主要是 ICT 部门的技术进步导致 ICT 产品价格的下降，对其他行业投资产生替代效应，导致全社会 ICT 投资大量增加形成的 ICT 资本深化。二是互联网（ICT）技术在其他行业的快速扩散和应用产生的间接渗透效应，互联网技术作为一种通用目的技术，通过融入其他行业，能够有效降低交易成本，推动其他行业资源优化配置、效率提高、成本降低，从而促进经济增长并提高全要素生产率。

2.2　绿色全要素生产率的相关研究

本部分将从三个方面梳理相关文献：一是绿色全要素生产率的提出；二是绿色全要素生产率的测算方法；三是绿色全要素生产率的影响因素。

2.2.1　绿色全要素生产率的提出

生产率的概念来源于经济增长理论，包括单要素生产率和全要素生产率两种。在古典经济增长阶段，由于仅考虑单一投入要素对产出的影响，因此得到的是单要素生产率，包括劳动生产率、资本生产率和土地生产率，分别表示劳动、资本和土地投入与产出的比例。单要素生产率仅考虑一种投入要素与产出的关系，不符合实际情况，具有一定的局限，因此，经济学家开始探索建立反映经济增长的更加科学的生产率指标。多要素生产率的概念是由荷兰经济学家、首届诺贝尔经济学奖获得者丁伯根在 1942 年提出的，但只考虑了劳动和资本投入；之后，1954 年希朗·戴维斯在《生产率核算》Productivity accounting 中首次提出了"全要素生产率"（TFP）的概念，明确了全要素生产率的内涵，提出全要素生产率应该包括劳动、资本、能源等所有投入要素，因此他也被经济学界誉为"全要素生产率"的鼻祖。1957 年索洛（Solow）利用柯布 – 道格拉斯生产函数，将经济增长扣除资本和劳动投入的贡献后剩下的部分（索洛余值）作为技术进步率，也称全要素生产率，此即著名的索洛增长模型，表示除劳动、资本、土地、能源等要素之外的其他因素对经济增长的贡献，反映了企业技术创新、管理创新、制度创新等所带来的增长。

传统的全要素生产率测算未考虑经济发展对环境的影响，在资源环境未成为经济发展重要约束的条件下是合理的。然而，随着工业化的快速推进，产生了资源短缺和环境污染的问题，严重影响了经济的可持续发展，经济发展对资源环境的影响成为一个必须面对的重大问题。为此，一些学者在测算全要素生产率时将资源环境因素考虑进来，从而提出了绿色全要素生产率的概念。

在不同的文献中，绿色全要素生产率（Green Total Factor Productivity,

GTFP）有时也称为资源和环境约束下的全要素生产率、环境全要素生产率（ETFP）、生态全要素生产率①。

2.2.2　绿色全要素生产率的测算方法

关于全要素生产率的测算，学术界主要采用三种方法，即索洛余值法（也叫增长核算法）、随机前沿生产函数法（Stochastic Frontier Analysis，SFA）和数据包络分析方法（Data Envelopment Analysis，DEA）。索洛余值法利用柯布－道格拉斯（C-D）生产函数推导得到技术进步率（即全要素生产率），但存在两个不足，即假设企业追求利润最大化以及完全竞争市场，与现实情况不符，同时未考虑不同生产者技术的效率差异，具有一定的局限性。艾格纳（Aigner，1977）对随机前沿分析法的理论研究作出了巨大贡献，之后很长一段时间学者们普遍认为随机前沿方法具有极大的优越性，可以解决索洛余值法在测度全要素生产率方面的缺陷，成为学者研究的首选方法。昆巴卡尔（Kumbhakar，2000）运用随机前沿方法将全要素生产率分解为技术进步、技术效率、规模效率和配置效率四个部分。但随机前沿方法在运用时需要首先确定生产函数形式，在对生产函数的选择时具有一定的主观性，并且这种方法只适用于单产出、多投入的情况，不适合测度同时包含"好"产出和"坏"产出情况的全要素生产率。

DEA 来自运筹学，在数学、经济学、管理学中得到大量运用，作为一种数据驱动方法，DEA 不需要确定生产函数的具体形式，减少了模型设定误差，同时 DEA 也不需要价格信息，并可进行跨期研究，这是 DEA 与 SFA 比较的显著优势，因此被广泛运用于生产率与效率测度。查尔内斯等（Charnes et al.，1979）根据法内尔（Farrell）的效率概念提出了规模报酬不变的 DEA-CCR 模型，贝克尔等（Banker et al.，1984）提出了规模报酬可变的 DEA-BCC 模型，以上两种模型都只能进行静态效率测度，忽视了投入产出的松弛性并且不能处理非期望产出问题，不适合测算绿色全要素生产率。对于多投入多产出的生产函数效率测度，学者们往往在曼奎斯特（Malmquist，1953）定义的距离函数基础上模拟生产过程，如谢泼德

---

① 本书将绿色全要素生产率和环境全要素生产率视为同一概念，而生态全要素生产率在相关文献中并不常见。

（Shephard，1970）提出的基于生产函数的谢泼德距离函数，钱伯斯等（Chambers et al.，1996）和钟等（Chung et al.，1997）提出的考虑环境污染的方向性距离函数。这两种距离函数都是根据径向和角度的数据包络分析计算而得，不能有效处理投入或产出存在非零松弛的问题，因此，托恩（Tone，2001）进行了非径向、非角度的效率测度，法勒和格罗斯科普夫（Fare and Grosskopf，2009）、福山和韦伯（Fukuyama and Weber，2009）则进一步提出了非径向、非角度的 Slack-Based Model（SBM）方向性距离函数（王兵等，2010）。

全要素生产率变动的测算可以采用三种方法，一是卡夫等（Caves et al.，1982）在瑞典统计学家曼奎斯特基础上提出的曼奎斯特生产率指数；二是钟等（1997）提出的包含环境因素的曼奎斯特－鲁恩伯格指数（ML指数）；三是钱伯斯等（1996）提出的鲁恩伯格（Luenberger）生产率指数。

全要素生产率的增长一般可以分解为技术进步与技术效率变化（Fare et al.，1994；Battese and Coelli，1995；Kumbhakar，2000），技术效率包括纯技术效率与规模效率两个方面。技术进步主要是来自新知识、新发明与新技术的运用，纯技术效率来自管理创新和制度创新，规模效率是由生产规模扩大带来的单位成本下降形成的规模经济。以曼奎斯特生产率指数（即全要素生产率指数）的分解为例，曼奎斯特生产率指数可以表示为技术进步指数、纯技术效率指数和规模效率指数的乘积，若全要素生产率指数大于1则表示生产率提高，若技术进步指数大于1则表示技术进步，若纯技术效率指数大于1则表示效率改善，若规模效率指数大于1则表示规模效率提高，反之亦然。

传统全要素生产率一般将劳动和资本作为投入，将地区或者行业生产总值作为产出，采用 DEA 方法进行测算。这种测算方法未考虑能源消耗和环境污染的影响，不能对经济绩效、环境绩效及综合社会福利影响做出准确评价（Hailu and Veeman，2000）。一般来说，企业在生产"好"产品的同时，不可避免地会消耗能源，并且产生废气、废水、固体废物等有害物质，这种未考虑能源消耗和污染排放的核算方法，将导致全要素生产率测算结果出现偏差，不能全面准确反映经济增长的质量。伴随着资源、环境与经济增长的矛盾日益凸显，越来越多的学者在生产率测算时将能源消耗与污染排放纳入其中，这种考虑资源环境约束的全要素生产率即为绿色全要素生产率。而在具体测算时，莫塔迪（Mohtadi，1996）将污染排放作为未支付的投入，与资本、劳动、能源等投入一起引入生产函数来测算绿色全要素生产率。海鲁和维伊曼（Hailu and Veeman，2000）在研究加拿大造纸行业的生产率时将环境治理成本作为投入要素，考虑污染排放对全要素生产率的负向影响，但对于资源是投入污染治理还是生产活动却难以区分。更多的学者将污染排放作为非期望产出，如钟阳昊等（1997）利用方向性距离函数和 ML 生产率指数测度瑞典纸浆厂的全要素生产率时，就采用了这一办法。由于合理地处理了污染排放对经济增长的影响，因此测算的结果更为科学。

对绿色全要素生产率的测算包括行业和区域两个层面。在行业层面，大部分学者主要研究了工业绿色全要素生产率的测算以及绿色全要素生产率与传统全要素生产率的比较，不同学者从不同角度提出了自己的观点。法勒等（Fare et al.，2001）、郑等（Zheng et al.，2003）、涂正革和肖耿（2005，2009）、陈诗一（2010）、沈可挺和龚健健（2011）。李小胜和安庆贤（2012）、李等（Lee et al.，2014）、原毅军和谢荣辉（2015）认为考虑资源和环境约束的绿色全要素生产率低于传统的未考虑资源环境约束的全要素生产率。然而，也有一些学者研究得出了相反的结论，如亚伊萨瓦宁和克莱因（Yaisawarng and Klein，1994）对 1985～1989 年美国电力行业进行研究后发现，考虑了二氧化硫排放的绿色全要素生产率增长率比未考虑二氧化硫排放的传统全要素生产率增长率高 1%。韦伯和多姆扎勒（Weber and Domazlicky，2001）研究发现当考虑了有害物质排放时，1988～1994 年美国制造业生产率年均增长 1.4%，如果不考虑将导致对全要素生产率增长的严重低估。

此外，一些学者还研究了农业和服务业的绿色全要素生产率，但是得出了不同的结论。如杨俊等（2011）、李谷成等（2011）、叶初升等（2016）认为忽略环境因素导致农业传统全要素生产率高于绿色全要素生产率，王奇等（2012）、薛建良等（2011）认为农业绿色全要素生产率与传统全要素生产率基本无差异，而海鲁和维伊曼（2001）、雷策克和佩林（Rezek and Perrin，2004）认为农业资源消耗和环境污染少，因此农业的绿色全要素生产率高于传统全要素生产率。关于服务业的绿色全要素生产率研究主要集中在外贸与物流行业。关于国际贸易和外商直接投资对绿色全要素生产率的影响，不同学者的研究结论也不一致。刘华军和杨骞（2014）、石风光

（2015）等认为 FDI（外商直接投资）对 GTFP 有正向促进作用，而涂正革（2008）、沈利生等（2008）则认为国际贸易与 GTFP 负相关。田刚等（2009）、唐建荣等（2013）、王玲（2015）研究了物流行业的 GTFP，认为技术进步是 GTFP 增长的主要动力。

在区域层面，学者们主要从两个方面展开研究，一是对同一个国家及内部各地区 GTFP 的研究，如马纳基和卡内科（Managi and Kaneko，2004）、王兵等（2010）、田银华等（2011）、匡远凤等（2012）、宋长青等（2014）、江（Jiang，2015）、崔等（2015）等均对单个国家或地区的绿色全要素生产率进行了研究。同样，大部分学者根据测算结果都认为传统全要素生产率比绿色全要素生产率高。然而，也有一些学者认为考虑环境因素的全要素生产率高于未考虑环境因素的传统全要素生产率（Färe et al.，2001；王兵，2010；匡远凤等，2012；李小胜等，2015）。法勒等（2001）测算了 1974～1986 年美国州际曼奎斯特－卢恩伯格生产率指数，发现考虑环境因素的全要素生产率年均增长 3.6%，而忽略排放时仅为 1.7%。王兵等（2010）运用基于 SBM 方向性距离函数的鲁恩伯格生产率指标测度了 1998～2007 年我国 30 个省份的环境效率与 GTFP，得出 GTFP 增长率高于传统 TFP 的结论，并且中西部地区不论是传统 TFP 还是 GTFP 都低于东部地区。田银华等（2011）采用序列曼奎斯特－卢恩伯格（SML）指数法估算 1998～2008 年中国各省份的 GTFP，发现 GTFP 上升的地区包括东部与北部沿海、长江中游和大西南地区，而南部沿海、黄河中游、大西北和东北地区的绿色全要素生产率呈下降趋势。匡远凤等（2012）利用广义曼奎斯特指数和随机前沿函数模型对我国 1995～2009 年 30 个省份的 GTFP 和传统 TFP 进行研究，得出 GTFP 增长高于传统 TFP 增长的结论，并且各区域生产率的增长源于生产效率的提高而不是技术进步，规模效应在三大区域的表现明显，而中部和西部地区 GTFP 增长表现出较强的正效应。

二是不同国家和地区绿色全要素生产率的比较研究，包括对国际和国内不同地区或省份绿色全要素生产率的比较。如王兵等（2008）运用曼奎斯特－卢恩伯格指数测算了 17 个亚太经济合作组织（APEC）国家的 GTFP，发现技术进步是 GTFP 增长的主要原因，人均 GDP、工业化程度、禀赋结构、人均能耗、对外开放度、技术无效率水平都对 GTFP 有显著影响。此外，尤鲁克和扎伊姆（Yörük and Zaim，2005）、奥和赫什马蒂（Oh and Heshmati，2010）对 OECD 国家的 GTFP 进行了对比分析。

2.2.3　绿色全要素生产率的影响因素

从行业层面看，关于绿色全要素生产率的影响因素，涂正革（2008）探讨了地区工业结构、人均生活水平、技术创新与引进、FDI 对环境技术效率的影响，发现：1998～2005 年，要素禀赋（资本存量与劳动投入之比）每上升 1%，环境效率显著下降 24%；国有企业比重下降 1%，环境技术效率上升 0.47%；人均产出提高 1%，环境技术效率提高 43%；自主研发和技术引进可以显著提高工业环境技术效率，技术改造则对环境技术效率有显著负效应；FDI 每增长 1%，环境技术效率下降 3.2%。沈可挺和龚健健（2011）利用方向性距离函数和 ML 指数测算了 1998～2008 年中国 30 个省份高能耗产业的 ETFP，进一步分析了 ETFP 的影响因素，认为禀赋结构（资本劳动比）、能源强度、R&D 投入与 ETFP 负相关，而市场化程度、FDI、节能减排投资、企业环境治理能力则对 ETFP 有显著正向作用。范丹（2015）基于我国 2001～2012 年 36 个工业行业数据，发现行业规模、禀赋结构对 ETFP 有正向影响，行业集中度与 ETFP 呈倒"U"型关系，产权结构、能源结构与外商直接投资与环境全要素生产率负相关。原毅军和谢荣辉（2015）运用 SBM 方向性距离函数与卢恩伯格生产率指数，在考虑能源消耗和非期望产出的情况下，测算了 2000～2012 年中国 30 个省份的工业GTFP，并进一步验证了在全国范围内环境规制对 GTFP 有显著促进作用、FDI 对 GTFP 的影响不显著，但 FDI 与环境规制的交互项显著提升 GTFP。陈超凡（2016）基于我国 2004～2013 年 36 个工业行业的投入产出数据，运用方向性距离函数和 ML 指数测算了我国工业的 GTFP，发现我国工业 GTFP 出现倒退，并且明显低于传统全要素生产率，GTFP 的倒退主要是受技术进步下降影响；在 GTFP 的影响因素方面，产权结构、技术水平、外商投资对GTFP 具有正向影响，禀赋结构、环境规制、能源结构对 GTFP 具有负向影响，而规模结构对 GTFP 的影响不显著。袁宝龙和李琛（2018）基于中国2000～2015 年 30 个省份的数据研究了工业技术创新方式对 GTFP 的影响，发现以发明专利为标志的实质性创新对 GTFP 具有显著的促进作用，而以实用新型专利和外观设计专利为代表的策略性创新对 GTFP 的影响并不显著。

在地区层面，关于绿色全要素生产率的影响因素，王兵等（2010）通过对 1998～2007 年中国 30 个省份的 GTFP 影响因素运用 Tobit 模型进行回归分析，发现经济发展水平与 GTFP 的关系呈"U"型曲线；FDI 对 GTFP 有显著正向影响；结构因素方面，禀赋结构（资本劳动比）、所有制结构与 GTFP 显著正相关，而产业结构、能源结构与 GTFP 率显著负相关；政府环境管理能力与 GTFP 负相关，反映企业环境管理能力的指标工业化学需氧量（COD）去除率对 GTFP 有显著正向影响，但是工业二氧化硫（SO_2）去除率与公众环保意识与 GTFP 没有显著关系。田银华等（2011）研究发现人均收入水平与 GTFP 增长呈"U"型关系，经济开放度、大中型工业企业占比对绿色全要素生产率增长有正向影响，能源强度、国有企业比例却有负向影响，而人均资本存量对 GTFP 影响不显著。李小胜等（2014）测算了中国 30 个省份 1997～2011 年的 GTFP，通过运用空间面板 Tobit 回归分析，发现人均收入与 GTFP 呈倒"U"型关系，经济结构、对外开放水平对绿色全要素生产率有负向影响，而技术进步对 GTFP 有正向影响。刘华军等（2014）运用方向性距离函数和 ML 生产率指数测算了中国各省份的 GTFP，通过构建空间面板数据模型对 GTFP 的影响因素进行实证分析，发现经济发展水平、贸易开放度、科技创新能力对 GTFP 增长具有显著的推动作用，产业结构、能源结构和要素禀赋结构等因素对 GTFP 增长存在显著的负向影响，外商直接投资和环境规制水平对 GTFP 增长没有显著影响。汪锋和解晋（2015）在对我国各省份 1997～2012 年的 GTFP 进行测算的基础上，经实证检验发现教育投入、自主研发投入、市场化改革对 GTFP 有显著促进作用，而引进国外技术支出、第二产业产值占比对 GTFP 有负向影响，FDI 对 GTFP 的影响不显著。李斌等（2016）基于我国 2003～2013 年的省级面板数据，利用动态面板广义矩估计（GMM）模型实证检验了财政分权、FDI 及其交互项对 GTFP 及分解项的影响，发现财政分权对绿色技术进步有正向影响，但对绿色技术效率和 GTFP 有负向影响，FDI 对 GTFP、绿色技术进步及绿色技术效率都有负向影响，但是 FDI 与财政分权的交互效应对 GTFP 有正向影响。此外，申晨等（2017）基于 1997～2013 年我国 30 个省份的面板数据，探讨了不同类型的环境规制对工业 GTFP 的影响，发现得出市场型环境规制对工业 GTFP 有显著正向影响，而命令控制型环境规制对工业 GTFP 具有非线性影响关系。

综上所述，不论是从工业行业层面还是从区域层面，绝大多数学者都认为未考虑能源消耗与污染排放的传统 TFP 显著高于 GTFP，并且 GTFP 的提高主要源于技术进步；而 GTFP 的影响因素主要包括经济发展水平、技术进步、产业结构、能源结构、禀赋结构、产权结构、研发投入、环境规制、对外贸易、外商直接投资、市场化程度等。

2.3　互联网发展对绿色全要素生产率的影响研究

根据对互联网发展与绿色全要素生产率的相关文献整理，笔者发现除了少数几位学者从信息化或两化融合角度探讨了工业绿色增长或工业绿色全要素生产率的问题之外（程中华和刘军，2019；惠树鹏和王森，2018；沈裕谋和张亚斌，2014），国内外很少有学者直接研究互联网发展对绿色全要素生产率的影响。考虑到绿色全要素生产率涉及"经济—环境—资源"系统的各个方面，经济发展水平、结构因素、技术因素、能源因素、环境规制等都会对绿色全要素生产率产生影响（胡晓琳，2016）。由于绿色全要素生产率是考虑了能源消耗与污染排放的全要素生产率，不难推断所有影响能源消耗、全要素生产率以及污染排放的因素都将会对绿色全要素生产率产生影响。因此，本研究认为，互联网发展对绿色全要素生产率的影响体现在能源消耗、全要素生产率以及污染排放三个方面。关于互联网发展对全要素生产率影响的相关文献在 2.1.2 节中已经介绍，此处不再赘述。这里主要梳理互联网发展对能源消耗与污染排放影响的相关研究。

2.3.1　互联网发展对能源消耗的影响

在互联网发展早期，学术界主要研究信息与通信技术（ICT）对能源消耗的影响。由于研究方法和数据的不同，不同学者得出的研究结论并不一致，主要包括三种观点。一是认为 ICT 的应用降低了能耗。如沃克（Walker，1985）认为信息与通信技术的使用可以提升产品和工艺的能源效率从而降低能源消耗。莱特纳（Laitner，2002）研究了美国信息经济增长与能源消耗的关系，发现以互联网为代表的信息技术的广泛应用降低了美国的能源强度。苏·温和埃克豪斯（Sue Wing and Eckaus，2004）运用 KLEM 数据研究了美国 35 个部门 39 年的能源强度变化情况，发现 ICT 投资对美国能源强度下降起着关键作用。科勒德（Collard，2005）考察了 ICT 对法国服务业能源消耗的影响，发现计算机硬件和软件显著提高了电力消耗，通信设备使用范围的扩展却降低了电力消耗强度。伯恩施坦（Bernstein，2010）研究了ICT投资对欧洲制造业企业电力使用强度的影响，发现ICT投资能够显著提升电力利用效率。石田（Ishida，2015）分析了ICT使用对日本经济增长及能耗的影响，发现ICT投资对能源消耗有显著的负向影响。

也有学者认为ICT应用将导致能源消耗增加。如萨多斯基（Sadorsky，2012）发现在新兴经济体，ICT使用对电力消耗有显著的正向影响。此外，不少学者发现ICT应用对能源消耗的影响受很多因素制约，具有不确定性。比如曹永生等（Cho et al.，2007）分析了ICT对韩国产业能耗的影响，发现ICT的应用能够降低某些制造行业的电力消耗，但增加了服务业和大部分制造业的电力消耗。希尔蒂等（Hilty et al.，2006）以欧盟为例分析了ICT应用带来的能耗效应，认为ICT有助于能源管理及降低能源投入，有利于降低交通成本，但会导致交通行业的能源消耗产生"回弹效应"（rebound effect）。莫赫塔里安等（Mokhtarian et al.，2008）研究了ICT与交通需求的关系，发现ICT应用在某些方面能够减少交通需求，但在另外一些方面却会导致交通需求增加。塔卡塞等（Takase et al.，2004）比较了日本和美国ICT投资与能源需求的关系，发现日本ICT投资能够显著减少能源需求，而在美国，ICT投资带来的收入效应导致能源需求增加。赫德盖姆等（Heddeghem et al.，2014）评估了2007～2012年通信网络、个人计算机和数据中心这三个主要的信息和通信技术类别用电量的变化情况，发现年用电量增长率（分别为10%、5%和4%）都高于同一时间段内全球用电量的增长率（3%）。韩寒等（Han et al.，2016）从实证角度考察了1985～2014年ICT对中国能源消费的影响，发现ICT对能源消费的影响呈"U"型，ICT在短期内显著降低了中国能源消费。

随着互联网应用的推广和普及，越来越多的学者开始关注互联网发展对能源消耗的影响。同样，一些学者认为互联网发展降低了能源消耗，如罗姆（Romm，2002）发现：1996～1999年，互联网在制造业、建筑节能及交通运输业的广泛运用导致美国的能源强度平均每年下降3.2%，互联网应用主要通过两种渠道降低能源强度，一是与传统制造业相比，信息技术行业本身能源密集度较低；二是互联网与其他行业融合发展提高整个经济的效率，导致了全社会电力和能源强度的下降。也有研究认为互联网发展导致能源消耗增加，如赛迪等（Saidi et al.，2015）运用动态面板数据模型，研究了67个国家和地区1990～2012年信息通信技术（ICT）和经济增长

（GDP）对电力消耗的影响，使用互联网连接和移动电话测量 ICT 发展，发现 ICT 发展对耗电量有显著的正向影响。此外，还有一些学者认为互联网发展对能源消耗的影响可以忽略不计，如拉格万等（Raghavan et al.，2011）估计了互联网的能耗，发现虽然从绝对意义上讲，互联网使用了大量能源，但与社会巨大的能源使用相比，这个数量是微不足道的。默蒂肖等（Murtishaw et al.，2001）对美国 1988～1998 年的能源使用进行了分解，发现美国能源消耗的下降并不是互联网和信息技术导致的，而是由于社会的能源需求结构发生了变化。

　　关于互联网发展对能源消耗的影响，国内大部分学者认为互联网发展降低了能源消耗。如李雷鸣和贾江涛（2011）利用 1961～2008 年数据对我国信息化与能源效率的关系进行分析，发现信息化对能源效率提升具有显著的促进作用。樊茂清等（2012）以我国 1981～2005 年 33 个行业为例，研究了能源价格、技术进步、ICT 投资对能源强度的影响，发现 ICT 投资有效降低了大部分行业的能源强度。王子敏和李婵娟（2016）基于我国 2006～2014 年的省级面板数据，利用空间计量方法分析了互联网发展对能源消耗的影响，发现互联网发展对能源消耗有显著的负向影响。陈庆江等（2016）利用我国 30 个省份 2000～2012 年的面板数据研究了两化融合对能源强度的影响，发现两化融合可以显著降低地区能源强度，并且这种影响在不同地区存在显著差异。王溪薇（2018）发现信息化通过能源要素替代影响产业能源强度，2007 年以后信息化对我国能源强度降低的贡献为 80.3%。汪东芳和曹建华（2019）采用 2000～2015 年的省际面板数据分析了互联网发展对地区全要素能源效率的影响，发现互联网发展对地区全要素能源效率提升具有显著的正向效应。并且影响效应与互联网使用规模相关，存在显著的网络效应。张三峰和魏下海（2019）利用世界银行中国企业调查数据从微观视角考察了 ICT 对企业能源强度的影响，发现企业生产过程中应用 ICT 的程度与企业能源强度之间存在显著的负向关系。然而，关于互联网对能源消耗的影响，也有一些学者提出了不同观点，如邓华等（2004）以美国能源消费为例，发现信息产业具有替代效应与收入效应，前者会降低能源消耗，而后者却会增加能源消耗，两种效应的共同作用导致能源消耗总量增加。胡剑锋（2010）利用我国 1997～2006 年的省级面板数据分析 ICT 资本对能源强度的影响，发现信息资本投入与能源强度正相关，而通信资本投入与能源强度负相关。刘湖等（2015）以我国 1996～2013 年的数据为例，研究了互联网用户数、电力消耗和经济增长的关系，发现互联网用户数、经济增长是电力消耗增加的主要原因，如互联网用户增加 1%，则电力消耗增加 0.026%。

2.3.2　互联网发展对污染排放的影响

随着以互联网为代表的新一代信息技术的广泛应用，越来越多的学者开始关注互联网发展对环境质量的影响。迄今为止关于互联网对污染排放的影响的文献并不多，归纳起来主要有三种观点。

第一种观点认为互联网或 ICT 投资会减少污染排放。埃德曼等（Erdmann et al.，2010）通过情境分析研究了 ICT 使用对温室气体排放的影响，发现在大多数情境下，ICT 减轻了温室气体排放。富尔等（Fuhr et al.，2010）探讨了如何通过广泛提供宽带服务和扩大远程办公来减少美国的温室气体排放，认为在未来 10 年内，远程办公可减少约 5.882 亿吨温室气体排放，其中 2.477 亿吨是由于驾驶减少，2810 万吨是由于办公建筑减少，3124 万吨是由于企业减少能源使用。王轩等（2010）在对 ICT 影响碳排放相关文献进行综述的基础上，提出了 ICT 碳减排的量化模型并应用其分析远程路灯监控所带来的减排贡献，发现 ICT 应用具有很大减排潜力。莫耶等（Moyer et al.，2012）研究了信息和通信技术与经济增长和能源系统的关系，发现提高 ICT 普及率可以减少二氧化碳排放量。张亚斌等（2014）利用 2002～2010 年中国省级面板数据分析了两化融合对工业环境治理绩效的影响，发现提高两化融合程度能降低工业污染排放，提高地区空气质量。格勒贝等（Gelenbe et al.，2015）研究了全球不同部门的信息通信技术对能源消耗及温室气体排放的影响，发现信息和通信技术有助于减少运输、智能建筑、虚拟工作和学习等部门的能源消耗和二氧化碳排放。解春艳等（2017）分析了互联网技术进步对环境质量的影响，发现互联网技术进步对环境污染具有空间溢出效应，并且能够显著减少环境污染，提高环境质量。奥兹坎和艾波吉斯（Ozcan and Apergis，2018）利用 20 个新兴经济体 1990～2015 年的数据，研究发现互联网普及率的提高能够降低环境污染。

第二种观点认为互联网发展会导致碳排放增加。杨穆恩等（Yongmoon et al.，2018）利用欧盟国家 2001～2014 年的面板数据，研究了互联网使用对二氧化碳排放的影响，发现互联网使用能够降低二氧化碳排放。丹麦尔等（Danish et al.，2018）引入 ICT 与经济增长和金融发展的交互项，考察了 11 个新兴经济体中 ICT 和环境质量之间的关系，发现 ICT 使环境质量恶化，但 ICT 与 GDP 的交互作用却降低了污染水平，ICT 和金融发展的交互作用导致二氧化碳排放增加。梅森（Mason，2014）研究了美国 2001～2009 年的 ICT 用户与汽车行驶里程的关系，发现 ICT 用户的汽车行驶里程呈增长趋势，并且比非 ICT 用户有更多的汽车行驶里程，从而导致更多的温室气体排放。

第三种观点认为互联网发展对环境质量的影响不确定，受各种因素制约。王奇等（2001）认为信息产业对自然环境具有正负两种效应，信息技术既可能带来自然资源的集约利用，也可能导致生态环境的破坏。王兰英等（2011）认为，信息产业一方面可能通过提高资源环境监测效率、增强公众环保意识等途径来改善环境质量，另一方面也可能导致资源与能源消耗加剧，造成环境污染，危害人类健康。哈根等（Higón et al.，2017）使用 1995～2010 年 116 个发展中国家和 26 个发达国家的面板数据研究了全球范围内 ICT 发展对二氧化碳排放的影响，发现 ICT 和二氧化碳排放之间存在倒 "U" 型关系。此外，还有学者认为互联网发展对环境质量没有显著影响，如萨拉赫丁等（Salahuddin et al.，2016）以澳大利亚 1985～2012 年的时间序列数据为例，发现不论从长期看还是短期看，互联网使用对二氧化碳排放没有显著影响。

2.4　文献述评

本部分梳理了国内外关于互联网发展与绿色全要素生产率的相关文献，有三个方面的发现。（1）国内学者采用不同的指标测算我国的互联网发展水平，重点考察了我国互联网发展水平的地区差异；国内外有大量学者研究了信息与通信技术或互联网发展对区域经济增长和生产率提升的影响，大部分认为互联网发展促进了经济增长，提高了全要素生产率，不存在 "索洛悖论"，但互联网发展对经济增长的影响存在地区差异，互联网对经济增长的影响渠道包括 ICT 投资的替代效应和渗透效应。（2）对于绿色全要素生产率的相关研究，如绿色全要素生产率的产生、定义与测算方法，已形成了比较成熟的理论体系；学者们重点关注绿色全要素生产率与传统全要素生产率的差异，大部分学者认为绿色全要素生产率低于传统全要素生产率；对于绿色全要素生产率的影响因素，国内外学者主要从行业和区域两个层面展开，认为绿色全要素生产率的影响因素主要包括经济发展水平、技术进步、产业结构、能源结构、禀赋结构、产权结构、研发投入、环境规制、对外贸易、外商直接投资、市场化程度等。（3）很少有学者直接研究互联网发展对绿色全要素生产率的影响，但有较多关于互联网发展影响能源消耗的研究，也有少量关于互联网发展对污染排放的影响研究，不同学者的研究结论并不相同，大部分研究认为互联网发展降低了能源消耗和污染排放，然而，也有部分观点认为互联网对能源消耗和污染排放没有显著影响。

现有关于互联网发展对绿色全要素生产率影响的研究还存在一些不足。首先，现有研究主要基于行业和省级层面数据对我国不同行业和地区的绿色全要素生产率进行测算，根据测算结果比较传统全要素生产率与绿色全要素生产率的差异并分析原因，很少有学者从城市角度研究绿色全要素生产率。考虑到省级内部不同城市之间经济发展、能源消耗和污染排放可能存在较大的差异，根据省级数据测算的绿色全要素生产率结果可能比较粗略，不能准确反映省份内部地区间的差异，得出的政策建议可能缺乏针对性。其次，对于绿色全要素生产率的影响因素，大部分研究是从环境规制、产业结构、外商直接投资以及财政支出等角度进行分析，很少有学者从互联网发展的角度进行分析。再次，对于互联网发展的研究，由于互联网进入我国相对较晚，因此，现有研究大部分以美国等发达国家为例，重点分析了信息与通信技术或互联网对经济发展、能源消耗以及环境质量的影响，国内学者主要探讨我国互联网发展的"数字鸿沟"以及互联网发展对经济增长的作用，缺乏关于互联网发展对绿色全要素生产率影响的研究。最后，考虑到绿色全要素生产率是"经济—能源—环境"的综合体，尽管有学者研究了互联网发展对全要素生产率、能源消耗以及污染排放的影响，但并未探讨互联网发展对绿色全要素生产率的影响效应及影响机制。

基于上述研究不足，本书将基于我国地级以上城市面板数据，首先从总体、分地区、分时段三个层面分析互联网发展对绿色全要素生产率的影响效应；然后根据不同城市经济发展水平、城市规模和等级、资源禀赋、人力资本、市场化程度、产业结构类型及环境规制强度的差异，探讨互联网发展对绿色全要素生产率的异质性影响，并且进一步检验互联网发展影响绿色全要素生产率的网络效应以及滞后效应；最后利用中介效应模型分别从技术创新、产业升级和节能减排三个方面检验互联网发展对绿色全要素生产率的影响机制。

第 3 章

互联网发展对绿色全要素生产率
影响的理论分析

本章主要是相关概念及影响机理的理论阐述，通过在理论层面分析互联网发展与绿色全要素生产率的内涵、外延及影响因素以及互联网发展对绿色全要素生产率的影响机理，为后续的实证分析奠定基础。

3.1　互联网发展及其影响效应

3.1.1　互联网发展的内涵与外延

互联网的概念在 20 世纪 60 年代就被提出，最初为局域网（local-area network，LAN）形式，最早的局域网为 1969 年美国国防部高级研究计划署（Advanced Research Projects Agency，ARPA）建立的 ARPAnet 网络，该网络旨在将加州大学洛杉矶分校（UCLA）和斯坦福研究所（SRI）的区域网连接起来，之后欧洲各国分别建立了各自的互联网络，然而，由于不同网络之间具有不同的连接标准，导致相互之间在连接和通信上存在困难。为此，在美国国防部的资助和委托下，斯坦福大学的文顿·瑟夫（Vinton Cerf）与罗伯特·卡恩（Robert Kahn）开始设计互联网的通用标准。1973年，卡恩和瑟夫开发出 TCP 协议和 IP 协议，1983 年 1 月 1 日，ARPAnet 的所有用户都转换成新的 TCP/IP[①] 标准，在此过程中，瑟夫等第一次使用"Inter-networking"（互联网）这个词，后来简化为"Internet"，由动名词"连接网络"变为名词"互联网"，而 TCP/IP 标准最终战胜了欧洲标准，成为国际标准，这就为互联网在全球的普及创造了条件。瑟夫和卡恩等科学家也被人们称为"互联网之父"（许小年，2020）。

根据百度百科对"发展"一词的解释，发展是指事物从出生开始的一个进步变化的过程，是事物的不断更新[②]。查阅现有关于互联网发展的相关文献，发现相关学者主要将互联网发展作为衡量区域互联网或信息化发展水平的指标，或许这一概念本身通俗易懂，并未有学者对"互联网发展"这一概念做出严格定义，大部分文献直接采用互联网发展的相关指标测度某个地区或国家的互联网发展水平。具体来说，采用的测度指标分为单一指标和综合指标两种，单一指标主要包括每百人计算机数、网民数、网站数、域名数、宽带接入端口数、互联网普及率（宽带渗透率）、人均邮电业务总量、光纤长度、互联网相关从业人员比重、移动互联网用户占比等，其中大部分学者采用互联网普及率作为互联网发展的衡量指标（刘姿均和陈文俊，2017；卢福财等，2021）。综合指标则从互联网发展的不同维度，选取相关数据构建互联网发展指数（IDI）来衡量地区互联网发展水平。俞立平等（2005）从互联网基础设施、互联网普及、互联网初级应用和高级应用四个方面选择 8 个二级指标综合评价我国互联网发展水平；黄群慧等（2019）选择互联网普及率、互联网从业人员比重、人均电信业务总量和人均移动电话用户数四个指标构建互联网发展综合指数；左鹏飞等（2020）从互联网接入情况、互联网连接设备、互联网资源情况、互联网站点数、互联网普及率、互联网相关基础设施、互联网相关从业人员以及移动互联网用户数八个方面构建互联网综合发展指数，作为地区互联网发展的衡量指标。

[①]　TCP 即 Transmission Control Protocol，指传输控制协议；IP 即 Internet Protocol，指互联协议。TCP/IP 提供了数据点对点联结的信息，说明数据是怎样分装打包的、发出和终点地址、传送方法、传输路径以及接收方法。

[②]　资料来源：https：//baike. baidu. com/item/%E5%8F%91%E5%B1%95/32354?fr = aladdin.

归纳起来，现有关于互联网发展的衡量可以分为硬件建设和软件应用两个层面，硬件建设方面包括互联网基础设施投入或信息通信技术产业的投资，软件应用方面则主要从互联网技术的应用程度及其创造的产值方面予以衡量。本书认为互联网发展是区域信息化水平的重要衡量指标，既包括地区互联网相关基础设施的完善与更新换代，也包含互联网技术的应用程度和规模，是两个方面的综合评价。考虑到互联网作为一种信息传输手段，其目的是为经济发展和社会进步服务，为人们生活提供便利，因此，从这个意义上说，互联网发展应更多体现在经济社会中的应用。作为新一代信息技术，与交通、能源等基础设施类似，互联网发展离不开相关硬件基础设施的支撑，但其价值的实现需要通过在经济社会发展中的应用得以体现，前者是互联网发展的基础，后者是互联网发展的目标，二者之间是一种相辅相成的关系，相较而言，互联网对经济社会发展的推动作用才是互联网发展的真正目的。基于这一视角，本书将采用互联网发展综合指标反映区域互联网发展水平。

与互联网发展相关的概念包括信息化、信息产业、信息技术、互联网基础设施、互联网经济等。这些概念之间具有密切的关联性，一般将信息化等同于 ICT 或信息技术发展。ICT 技术不仅包括信息产业，也涵盖通信设备产业，因此一般来说其范围比互联网发展更广。信息产业主要是从行业分类的角度出发，包括计算机及通信设备制造、软件设计与服务。信息技术（IT）一般是指利用计算机和通信设备来获取、加工、存储、传递和处理文字、图片、声音等各种信息的方法和手段的总称。互联网基础设施主要是指为互联网运行提供支撑的计算机、服务器、网络基站、高速光纤、大数据中心等硬件设施。关于互联网经济的界定，学术界尚未统一，一般认为互联网经济是借助互联网技术手段实现的经济形态，主要表现在互联网在电子商务中的应用。根据 2016 年二十国集团（G20）发布的《二十国集团数字经济发展与合作倡议》，数字经济是指以使用数字化的知识和信息作为关键生产要素、以现代信息网络作为重要载体、以信息通信技术的有效使用作为效率提升和经济结构优化的重要推动力的一系列经济活动。数字经济与信息经济、网络经济、数字经济在某种程度上具有大致相同的含义。

3.1.2　互联网发展的影响因素

根据本书对互联网发展内涵的界定，互联网发展首先需要有完善的互联网基础设施，同时还需要具备良好的互联网技术应用外部环境，包括经济发展、人口规模、人力资本、政府支持、市场化程度等。

经济发展水平不仅是互联网基础设施建设的前提条件，同时为互联网技术的应用提供了良好外部场景。互联网相关设备如计算机服务器、基站的建设需要大量的资金投入，与经济落后地区相比，经济发达地区的政府有足够的财力投入建设先进的互联网基础设施，从而为互联网发展创造良好的外部条件。此外，经济发达地区的人们收入水平往往较高，有能力购买计算机、手机等终端设备以及支付网络使用资费，有助于互联网相关业务的拓展。最后，也是最重要的一点，经济发达地区不论是商品交易还是要素流动都更加频繁，为以电子商务为代表的互联网经济的发展提供了广阔市场。

作为一种信息交流的重要手段，互联网的产生在很大程度上是为了满足人们之间沟通交流的需要，同时在互联网的网络外部性作用下，随着网民规模的扩大，将会产生规模报酬递增效应，因此，互联网发展与人口规模密切相关。人口规模是互联网发展的重要推动力量，互联网的价值主要通过人们的大规模使用来实现。根据梅特卡夫定律，随着网络规模的扩大，网络给每个网民创造的价值更多。随着互联网技术的不断进步，互联网应用的领域不断拓展，以平台经济、共享经济、社群经济为代表的新型商业模式加速发展，在线教育、远程医疗、远程办公等模式陆续产生，互联网给人们的工作和生活带来了越来越多的便利，从而吸引更多人使用互联网，推动互联网普及率不断提高。

人力资本也是影响互联网发展的重要因素。随着互联网技术的进步以及互联网应用领域的拓展，互联网在经济社会生活中应用的广度和深度不断提高，互联网在推动经济社会发展的过程中对互联网使用者的知识水平和受教育程度提出了更高的要求。相对于教育不发达地区，在教育发达和人力资本较高的地区，人们对通过互联网满足自身知识增加的需求更为强烈，而互联网的应用也会创造更多的新知识，通过知识和技术的溢出效应推动互联网技术更快进步，为人们的生活创造更大的价值，从而促进互联网的发展。

政府支持也会影响互联网的发展。互联网的发展需要政府加大网络基础设施建设，在政府对信息技术发展投入更大的地区，互联网基础设施会更加完善，政府相关部门通过对设备的升级，如通过加快建设高速光纤、提高宽带带宽、增加更多的网络基站、对服务器进行升级、建立大数据中心等措施，将大大改善互联网用户的体验，有助于人们利用互联网实现更多的需求，从而增加人们对互联网的依赖程度，促进互联网的发展。

互联网的一个重要特征是能够极大提高信息传播速度、降低信息传递成本。在这一特征作用下，区域的资本、劳动等生产要素以及产品的流动速度大大提高。对于市场化水平较高的地区来说，这将有效改善资源配置效率，促进地区经济增长，从而推动互联网更快发展；对于市场化水平较低的地区来说，互联网对资源配置效率的提升作用可能受到抑制，从而不能有效发挥互联网对区域经济增长的作用。

3.1.3　互联网发展对经济社会发展的影响

在互联网带来的信息快速传播背景下，当今时代人与人之间的交流与沟通越来越密切，互联网缩小了人们之间的时空距离，使全世界越来越像一个"地球村"。互联网导致了知识生产的指数型增长和技术革命步伐的日益加快（贾根良，2016）。互联网发展降低了人们的信息搜寻成本和交易成本、能够实现供求双方的精准匹配。同时互联网发展有利于通过信息共享实现资源的合理有效配置，创造新的商业模式。互联网发展对经济社会发展的影响表现在促进经济增长和全要素生产率的提高、推动技术创新和产业结构优化升级、增加消费和出口、促进就业、推动节能减排等。

互联网发展对经济增长的影响受到学者们的广泛关注，绝大部分学者的研究结论认为互联网发展促进了经济增长。根据内生经济增长理论，互联网发展对经济增长的影响主要通过提高要素产出效率、优化资源配置和促进技术进步实现。互联网的使用能够提高劳动者的知识水平，增加人力资本，从而提高劳动生产率，同时，促进了资本的流动和有效配置，从而提高资本生产率。互联网应用能够有效降低企业的信息搜索成本，减少各种中间环节的费用支出，从而有利于企业获取最低成本的原材料，降低生产成本。互联网发展改变了企业的创新模式，使之由原来的封闭创新变为开放式创新，有利于充分发挥产学研各环节的群体智慧，推动企业实现协同创新，提高企业的全要素生产率，实现技术进步，促进区域经济增长。

　　互联网发展主要通过供给和需求两个方面影响就业。首先，从供给方面看，互联网发展创造了大量新的商业模式，促进了电子商务、共享经济、平台经济的发展，从而为人们提供了更多的就业机会；其次，从需求角度看，由于互联网具有信息传播快速和低成本的特征，招聘方可以通过互联网发布详细的人才需求信息，求职者通过互联网获取就业信息的成本大大降低，减少了求职中的信息不对称及相关交通住宿等费用，能够实现劳动供需双方的精准匹配，从而有利于提高求职者就业的成功率，调动求职者的就业积极性。

　　互联网发展对产业结构升级的影响主要通过两种渠道实现。一是互联网发展有助于优化企业组织结构和业务流程，提高管理效率。在互联网的作用下，企业组织结构由传统的垂直型结构逐步转变为水平式的扁平型结构，这将大大提高信息传递的速度和效率，有利于企业及时应对外部环境的变化，从而提高企业管理效率，促进企业技术进步以及提高企业全要素生产率。二是互联网发展促进了服务业的发展壮大。这与互联网的特征有关，互联网实现了人与人之间的信息连接，而服务业正是通过人与人之间的连接与互动实现，因此，与制造业相比，互联网在服务业中的应用更为广泛。这一点可以通过互联网在我国零售、金融、教育、医疗、交通等行业的广泛应用得到验证。不仅如此，在互联网的作用下，产品供需双方的联系越来越便捷，传统制造业企业为了更好满足消费者需求、适应不断变化的市场环境，正在不断转向制造业与服务业融合发展。

　　在信息快速低成本传递的作用下，互联网的发展有助于企业在全球范围进行原材料的采购和产品的销售，推动了跨境电子商务的发展和产品的出口。互联网对企业出口的影响主要通过降低企业的贸易成本体现（李兵等，2017）。企业通过互联网寻找客户的成本远低于传统的通过电话、传真等通信方式，通过互联网电子邮件可以非常便捷地与客户进行信息的沟通和交流，这就大大降低了出口企业的信息成本，在产品出口过程中，买卖双方也可以通过互联网保持随时沟通，从而保证顺利完成出口贸易业务。

　　互联网发展对促进社会消费的作用也非常明显。消费者利用互联网能够快速搜索到自己需要的商品，而借助互联网的网络销售、支付平台以及智慧物流配送系统，消费者足不出户就可以买到自己心仪的商品，这不仅节约了消费者的购物时间，而且改善了消费者购物的体验。互联网的电子商务交易方式简化了商品生产流通的中间环节，降低了商品流通的成本，给消费者带来了更多消费者剩余，有利于充分挖掘社会消费潜力，拉动消费。

互联网发展对地区能源环境也会产生重要影响。互联网对能源消耗的影响分两个方面。从直接影响来看，互联网应用带来的技术进步与资源优化配置效应，有利于提高能源效率，降低能源消耗；在间接影响方面，互联网发展改变了人们购物出行方式，越来越多的人选择通过互联网电子商务平台购物，从而大大减少了出行的需求，有利于降低汽油等化石能源的消耗。在互联网对环境的影响方面，首先，互联网技术进步有利于企业开发更多的清洁生产技术，有利于降低企业污染排放；其次，通过利用互联网手段可以对环境污染进行实时监督，能够提高监督效率，降低监督成本，有利于减少地区污染排放，改善环境质量；最后，互联网支持的智能交通系统能够对城市的交通拥堵情况进行实时监测，有利于驾驶员选择合适的行驶路线，避免交通拥堵，从而降低污染排放。可见，互联网发展对实现地区节能减排、建设资源节约型与环境友好型社会也具有重要推动作用。

3.2　绿色全要素生产率及其影响因素

3.2.1　绿色全要素生产率的内涵

根据索洛的经济增长理论，全要素生产率即技术进步率，是指在扣除各种投入要素对经济增长的贡献以外，由技术进步带来的经济增长份额，体现了企业技术创新、管理创新和制度创新所产生的价值。

随着工业化的快速推进，导致能源的大量消耗和污染排放的快速增加，给生态环境造成了巨大的破坏，使人们开始思考如何降低能源消耗和污染排放，提高经济增长的质量。绿色全要素生产率正是在经济发展越来越受到资源环境的约束背景下提出，是对全要素生产率的补充和完善，体现了经济发展与生态环境和谐共生的可持续发展理念。绿色全要素生产率是在经济增长的分析中同时考虑了能源消耗和环境污染的影响，是对传统全要素生产率的修正，是判断一个国家和地区经济增长质量的重要依据

（王兵和刘光天，2015）。参考相关学者的研究成果，本书对绿色全要素生产率做如下界定：绿色全要素生产率是在传统全要素生产率的基础上，将能源投入纳入传统的劳动和资本投入中，既考虑期望产出（一般用 GDP 表示），也考虑非期望产出（一般用污染物的排放表示）的生产率核算方法，根据这种投入产出要素设定办法计算所得的全要素生产率称为绿色全要素生产率。

3.2.2　绿色全要素生产率的影响因素

根据绿色全要素生产率的概念，可见绿色全要素生产率受能源消耗、污染排放及全要素生产率的共同影响。本书第 2 章文献综述部分回顾了绿色全要素生产率影响因素的相关研究，发现学者们对影响变量的选择并不一致。在区域层面，根据相关学者（王兵等，2010；刘华军等，2014；梅国平，2014；Loko et al.，2009；肖攀等，2013；陈阳等，2018；刘赢时等，2018；韩晶等，2019；李卫兵等，2019；余泳泽等，2019）的分析，影响绿色全要素生产率的因素主要包括人们收入水平、结构因素（包括产业结构、能源结构、市场结构与所有制结构）、外商投资与对外贸易、人力资本、人口密度、科技水平、环境规制、基础设施、政府干预、信息化水平等。考虑绿色全要素生产率影响因素的复杂性，任何一种指标体系都不可能涵盖所有影响因子。本书主要以城市层面数据为例进行分析，结合数据的可得性和研究需要，主要考虑以下八个变量。

1. 互联网发展

作为信息技术的最新成果，互联网能够通过不同方式影响城市绿色全要素生产率，包括直接影响和间接影响。直接影响来源于两个方面。一是互联网发展所依赖的信息技术产品本身具有生产率高、能耗低、污染少的特征；与此同时，信息与通信技术产业作为一种高新技术产业，在摩尔定律的作用下，技术进步突飞猛进，通过信息与通信技术产品对其他行业产品的替代，有利于提高全社会所有行业的绿色全要素生产率。二是互联网发展能够降低企业信息成本和交易成本，变革人们的生产生活方式，促进人们形成低碳环保的消费方式，从而实现节能减排，提高绿色全要素生产率；间接影响主要通过互联网改造传统产业、实现与传统产业的融合发展来改善资源配置效率、促进技术进步、推动产业升级、促进节能减排等途径来实现。

2. 经济发展水平

经济发展水平是地区经济发展规模与发展质量的综合体现，同时决定了地区居民收入水平。一般用地区人均生产总值衡量。只有具备较高的地区经济发展水平，才能有更多的财力投入研发和创新，从而推进区域的绿色技术进步，提高区域绿色全要素生产率，为地区经济的集约型发展创造良好的物质保障，实现区域经济的绿色可持续发展。此外，地区经济发展水平提高也会增加人们收入，提高人们生活水平，这将促使人们追求更高质量的生活环境，提高人们的环保意识、增加环境治理的意愿和投入，推动产业的转型升级，有利于提高区域绿色全要素生产率。但是，如果地区经济发展是由资源依赖型的重工业所驱动的，则不利于绿色全要素生产率的提高。因此，经济发展水平不能仅看经济总量，还要看经济发展质量，即经济发展的能源消耗与污染排放。只有当经济增长主要通过技术进步实现，才能不断降低能源消耗和污染排放，从而提升绿色全要素生产率。从这个意义上看，经济发展水平对绿色全要素生产率的影响尚不确定。

3. 产业结构

产业结构一般是用地区第二产业的产值与地区生产总值的比值衡量。与第一、第三产业相比，第二产业往往能源消耗和污染排放更大，因此增加第二产业比重不利于绿色全要素生产率的提高。根据配第－克拉克定理，产业发展一般遵循"第一产业（农业）—第二产业（工业）—第三产业（服务业）"的演变规律。第二产业包括制造业、能源、矿产采掘等高能耗高污染行业，第三产业主要是指科教文卫以及金融等服务性行业。与第二产业相比，第三产业发展具有更低的能耗和污染排放水平，因此当第二产业比重较大时，将不利于地区的绿色发展。当前，我国正处于工业化的中后期，很多地区经济结构中第二产业比重还较大，通过降低第二产业比重、增加第三产业比重将有助于提高地区绿色全要素生产率。本书预计产业结构与地区绿色全要素生产率负相关。值得一提的是，互联网发展对产业结构的高度化有重要影响。由于互联网本身的技术特性，作为一种人与人之间快速低成本连接的手段，互联网对服务业的影响更加明显，互联网发展有利于提高服务业的就业比重，增加服务业的产值，从而促进产业结构升级。

4. 外商直接投资

本书采用当年合同利用外资金额占地区生产总值的比值来衡量外商直接投资水平。学术界关于外商投资水平如何影响环境质量主要有两种观点。第一种认为外商投资水平对环境质量有正向影响，从而对绿色全要素生产率具有正向促进作用（王兵等，2010；陈玉桥，2013）。这种观点认为外资进入能够为企业带来先进的管理经验和技术，并加剧市场竞争，促使企业加大技术创新力度，从而提高绿色全要素生产率。第二种观点认为外资进入对绿色全要素生产率产生制约效应（肖攀等，2013）。这种观点的理论依据是"污染避难所假说"，即外资在进行产业转移时往往是出于逃避本国严格的环境标准，为了降低环境成本把一些高能耗、高污染行业转移到发展中国家。而发展中国家为了促进本国经济发展，往往采取降低环境标准的"逐底竞争"行为来吸引外资，从而导致本国环境质量的恶化，使得绿色全要素生产率下降。在这两种效应的作用下，外商直接投资对绿色全要素生产率的影响具有不确定性，要根据具体情况进行分析。

5. 环境规制

环境规制是政府解决环境污染负外部性的重要手段，是实现环境保护和节能减排的有效措施。学术界关于环境规制对绿色全要素生产率的影响同样有两种截然不同的观点。第一种认为环境规制具有"遵循成本"效应，即在环境规制下企业成本提高，企业为了治理环境污染不得不投入资金用于更新设备、进行绿色技术研发，在企业资本一定的条件下，这将减少生产与研发投入，从而降低了产品竞争力，使绿色全要素生产率下降。另一种观点即"波特假说"，或者称为"创新补偿效应"，是指环境规制在短期内可能会由于更新设备增加企业的成本，降低企业利润，但从长期来看，在环境规制的作用下，企业会加大技术创新力度，通过采用清洁生产技术，使企业生产过程的污染排放下降，产品质量提高，因此有利于提高绿色全要素生产率。此外，环境规制有利于提高社会公众的环保意识，使人们自觉形成保护环境、节约资源的良好习惯，并积极参与环境行为的监督，这将有利于提高绿色全要素生产率。由此可见，环境规制对绿色全要素生产率的影响也存在不确定性。

6. 研发投入

在索洛的经济增长理论中，全要素生产率也称技术进步率，表示除要素投入以外的经济增长份额，可见，技术进步对绿色全要素生产率具有重要影响。而研发投入是决定技术进步的关键。技术进步可以通过两种途径影响绿色全要素生产率：一是技术进步可以改变要素投入比例，提高资源的使用效率，使得生产对资源能源的依赖程度降低；二是通过绿色技术进步，通过采用节能环保的生产技术减少污染物的排放量，可以提高绿色全要素生产率。值得注意的是，互联网发展对技术进步同样具有重要影响，在技术创新过程中如果能够充分发挥互联网的作用，将会提高技术创新效率，获得更大的创新成果。本书以科学教育支出占地区生产总值的比重衡量研发投入，并且预计研发投入将对绿色全要素生产率产生正向影响。

7. 政府规模

本书采用地区财政支出与 GDP 之比衡量政府规模。基于追求 GDP 增长的目标，政府有对经济活动进行干预的动机（周黎安，2004）。政府对经济采取适当的干预措施，制定合理的产业政策，提供良好的公共产品服务，将有利于资源的合理配置并消除市场失灵。但是如果政府规模过大，可能降低经济运行效率，不利于生产率的提高。可见，政府规模对绿色全要素生产率的影响也具有不确定性。

8. 市场化水平

市场化水平是影响绿色全要素生产率的重要因素。市场化反映了政府对经济的管制程度，体现在民营经济占比、产品和要素市场发育程度、政府对市场的干预程度以及相关法制环境完善程度方面。市场化程度高的地区，营商环境更好，要素和产品能够自由流动，资源配置效率更高，有利于降低企业的交易成本，从而提高地区全要素生产率。互联网作为一种信息传播手段，有利于推动资源和要素的合理配置，从而促进地区经济增长，而这种效应的发挥受到市场化程度的制约，在市场化水平更高的地区，互联网发展对绿色全要素生产率的促进作用将更加明显。本书借鉴肖攀等（2013）的做法，采用城镇私营和个体从业人数占总从业人数的比重表示市场化水平。预计市场化水平对绿色全要素生产率将产生正向影响。

3.3　互联网发展对绿色全要素生产率的影响机理

3.3.1　互联网发展对绿色全要素生产率的影响作用

绿色全要素生产率是经济、能源和环境三个方面的综合体现。因此，互联网发展对绿色全要素生产率的影响也体现在三个方面。

首先，作为高科技产业，信息与通信技术（ICT）产业本身具有全要素生产率高、能耗与排放低的行业特征，互联网发展能够带动 ICT 产业的快速发展，从而推动全社会的技术进步，提高绿色全要素生产率。对于这一点，已有相关学者的研究结论得以佐证，乔根森等（2000）发现 ICT 投资对生产率的贡献明显大于物质资本，从而证明了 ICT 投资对生产率增长的贡献。陈诗一（2009）研究了 1980~2006 年我国 38 个工业分行业对全行业全要素生产率增长的贡献，发现计算机、电子与通信设备制造业全要素生产率增长最快，并且单位产值能耗与排放最低。陈永伟等（2011）在研究 2001~2007年我国 38 个行业的全要素生产率之后，也得出"通信设备、计算机及其他电子设备制造业的全要素生产率最高"的结论。而关于信息与通信技术行业全要素生产率高的原因可以用摩尔定律来解释，摩尔定律是指当价格不变时，集成电路上可容纳的晶体管数量每隔 18~24 个月增加一倍。在摩尔定律作用下，ICT 产品价格不断下降，在要素投入可替代的条件下，其他行业为了降低成本必然会增加对 ICT 产品投资以替代传统资本，这将进一步推动 ICT 产业的发展，从而提高城市绿色全要素生产率。

其次，互联网的快速、低成本连接能够实现资源的开放、共享与协同，降低连接主体之间的信息不对称、减少中间环节、提高效率，实现资源的高效合理配置。互联网发展加快了区域之间人流、物流、资金流、信息流等各种要素的流动，能够推动区域经济一体化进程，改善资源配置，降低企业成本，提高企业竞争力；同时，互联网发展也会推动经济不发达地区更好地吸引人才和投资，在外部资本带来的技术、管理溢出效应、竞争效应以及示范效应作用下，推动本地企业提升技术创新能力，从而提升区域绿色全要素生产率。

最后，互联网的发展带来了人们工作生活方式的改变，有利于提高绿色全要素生产率。以交通领域为例，将互联网结合大数据应用于智慧交通，能够及时反映城市交通状况，为人们出行提供科学决策，从而减少道路拥堵，降低污染排放。此外，应用互联网技术对高速公路收费系统进行改造，通过在车辆上安装电子收费（Electronic Toll Collection，ETC）装置可以实现不停车收费，这不但提高了道路的车辆通行效率，同时可以大大减少车辆由于等待产生的一氧化碳和二氧化碳排放，具有显著的节能减排效果。再比如，利用互联网实施的远程办公减少了人们交通出行次数，从而降低了交通工具的使用，有助于减少污染降低能耗，而借助互联网实现的无纸化办公也有利于节约资源，同样有利于提高绿色全要素生产率。

蔡跃洲和张钧南（2015）认为信息通信技术（ICT）具有替代效应和渗透效应。互联网作为信息技术的最新成果，同样具有这种特征，而互联网发展对绿色全要素生产率的影响途径主要通过这两种效应实现。具体来说，互联网发展可能通过三种渠道影响绿色全要素生产率，即技术创新渠道、产业升级渠道和节能减排渠道。

3.3.2　互联网发展通过技术创新效应影响绿色全要素生产率

技术进步与技术效率是构成全要素生产率的重要内容，根据内生经济增长理论，经济增长来源于知识的积累所带来的创新行为（Romer，1990；Barro et al.，1994），而知识的传播与积累通过提高劳动力的素质推动技术进步。作为一种新的信息传播工具，互联网具有快速低成本的特点，有助于知识和信息的快速传播，减少人们的知识获取成本。因此，互联网的发展能够极大地增加人们的知识总量，从而提高劳动者的素质，增加全社会的人力资本水平，促进技术创新。

互联网发展通过渗透效应影响城市技术创新能力，这种渗透效应体现在互联网技术、互联网平台及互联网思维中。郭家堂和骆品亮（2016）认为互联网通过互联网技术、互联网平台、互联网思维三种渠道推动技术进步。

首先，互联网技术主要体现在互联网对信息和知识的快速传播与扩散，有助于知识的积累，而且利用互联网可以突破时空限制的优势，有利于信息的分布式处理，充分调动每个社会成员的参与积极性，集思广益，促进全社会的技术进步。

其次，互联网作为一种信息汇聚和知识交流平台，有助于提高产学研合作效率。在传统的研发模式中，企业主要面向市场开发产品和技术，而科研院所主要是进行理论研究，二者之间较少或者不能及时进行信息互动，导致产、学、研之间不能实现有效的沟通协作，企业不能及时捕捉市场变化的信息，从而影响企业产品的市场适应性与竞争力（王元丰，2014）。而互联网平台为商品的供求双方提供了一个快捷、低成本的交流平台，能够实现企业、消费者以及科研院所之间信息的快速有效传递。产品使用体验的反馈信息可以非常快速地传递到生产商一方，消费者由以前的产品被动接受者转变为产品创意与设计的提供方，这样，供需各方都能快速获得相关的反馈信息，从而使企业能够对产品生产作出及时调整，不断完善设计、生产与销售各个环节，推出更受消费者喜爱的产品，同时也推动了企业的技术进步。小米公司就是在这方面做得非常成功的一家企业，小米公司集中所有资源在研发和销售环节，虽然公司是零工厂、零制造员工、零专卖店，却实现了销售收入的快速增长，远远超过传统企业的盈利能力。

最后，从互联网思维方面看，互联网思维可以看作一种哲学论，体现出对商业世界的全新认识。李海舰等（2014）认为互联网思维包括互联网精神、互联网理念与互联网经济三个维度，其中"开放、平等、协作、共享"的互联网精神是互联网思维的重要内容，这种互联网思维与信息共享、团队合作、群体认同的社会资本理念是一致的。正是在这种互联网思维建立起来的信任机制作用下，减少了由于信息不对称导致的道德风险与逆向选择，从而降低了创新风险，增加了创新收益，有利于提高绿色全要素生产率。

基于以上分析，可见互联网发展有助于促进技术创新并推动技术进步，而技术进步是绿色全要素生产率的重要来源，因此互联网发展对绿色全要素生产率将产生积极作用。

3.3.3　互联网发展通过产业升级效应影响绿色全要素生产率

互联网发展对产业升级的影响体现在三个方面。

首先，互联网发展通过 ICT 投资的替代效应实现产业升级。德万等（1997）认为 ICT 投资对生产率增长的贡献来源于 ICT 资本对其他生产要素的替代，包括对物质资本和人力资本的替代。乔根森等（2000）认为 ICT 投资的快速增加导致计算机及相关设备价格的大幅下降，从而导致信息技术设备对物质资本和劳动的大规模替代。信息产业本身具有高技术产业的技术进步快、附加值高的特征，这将有助于提高其他行业的全要素生产率以及产品的技术含量，推动其他行业的产业结构优化升级。

其次，互联网发展也能够通过渗透效应促进产业升级。随着我国互联网的快速普及与广泛应用，互联网技术正不断运用于企业生产和管理实践，促进了企业管理效率的提高以及管理方式的变革。互联网技术具有的信息快速传播、渗透力强的特点对其他产业产生广泛、深入的影响，特别是以互联网为代表的信息化与工业化的融合发展，有效地促进了工业生产效率的改善，促进了产业结构的优化升级。我国自 2015 年提出实施"互联网 +"行动计划，有力促进了传统产业与互联网技术的深度融合，使以互联网为代表的信息产业技术进步对传统产业产生溢出效应，改变传统产业的生产经营方式，推动传统产业的技术进步和转型升级。

最后，互联网自身具有的信息快速低成本传播的特点，降低了创业者创业的门槛，为求职者提供了便利，有助于服务业的发展，互联网发展通过提高服务业就业比重，增加服务业产值实现产业结构升级。互联网的发展创造了新的商业模式，通过互联网支持的在线交易、网上支付、智慧物流配送等手段极大地促进了电子商务的发展，同时创造了更多的就业岗位。互联网信息的快速便捷传播为劳动力的求职创业提供了便利，从而推动更多的劳动力由农业、工业部门向服务业转移。近年来我国大力推动的"大众创业、万众创新"正是利用了互联网有利于创造更多就业机会的特点。

已有较多学者对互联网的产业升级效应进行研究，比如尹海洁（2002）认为信息化有助于劳动力由第二产业向第三产业转移；谢康等（2012）认为两化融合能够减少第一产业比重，实现产业结构由第一产业向第二、第三产业转移。叶初升和任兆柯（2018）利用我国 2002～2014 年的城市面板数据研究了互联网的产业结构调整效应，发现提高互联网渗透率有利于产业结构向服务业调整。

具体来说，可以从宏观经济、中观行业以及微观企业三个方面分析互联网发展对产业升级的影响。首先，从宏观层面看，作为一种先进的信息传播工具，互联网思维具有平等、开放、共享、协作的特征，推动数据作为一种新的生产要素，为经济的发展提供新动力，可以促进资源的优化配置，驱动产业技术进步、结构升级并形成新的经济增长点（Czernich et al.，

2011；Forman et al.，2012；Ivus et al.，2015；左鹏飞等，2020）。其次，从中观行业层面看，互联网平台的作用能够扩大交易规模，形成行业的规模效应和竞争效应，有利于行业技术的渗透和推广，并产生外部正效应，从而提高行业整体的技术水平，促进产业结构升级（Cardona et al.，2013）。互联网连接一切的强大功能有助于实现跨行业的数据、信息共享与知识扩散，有助于推动产业的集成创新，从而改变企业的组织管理模式，优化价值链，提高组织运行效率，降低组织运行成本。最后，从微观角度看，作为市场经济的基本单位，企业是产业升级的具体推动者。互联网具有广泛的连通性和信息共享性，能够有效地降低企业的信息搜索、合同执行与监督等各种交易成本，极大地拓展企业的交易时间、场所和产品种类，从而扩展企业发展边界并最终使企业实现无边界发展（李海舰等，2014）。此外，互联网发展推动了产业链上下游之间的信息共享与生产协作，推动企业的流程再造，优化并完善了企业的生产环节，从整体上提高了企业的生产及管理运行效率（王可和李连燕，2018）。

产业结构升级有利于资源由低效率部门向高效率部门转移，从而优化资源配置，产生"结构红利"，提高全要素生产率。同时，产业结构升级有利于推动绿色技术进步，提高能源效率，降低污染排放强度，从而提高绿色全要素生产率。按照产业结构由第一、第二、第三产业逐步演进的顺序，产业结构升级将导致第一、第二产业的比重逐步下降，第三产业的比重不断提高。与第二产业相比，第三产业对资源和能源的消耗更少，排放的污染也更低，因此，产业结构升级导致的第三产业比重提高有利于促进城市的绿色发展。刘赢时等（2018）根据我国 2005～2014 年 260 个城市的数据，考察产业结构升级与能源效率对绿色全要素生产率的影响，发现产业结构升级、能源效率都对绿色全要素生产率有正向促进作用。韩晶等（2019）以中国 2006～2015 年 266 个城市为例，研究了产业升级对绿色全要素生产率的影响，发现产业结构高度化对城市绿色全要素生产率有正向作用。于斌斌（2017）发现提高产业结构调整质量对能源效率有显著的促进作用。

3.3.4　互联网发展通过节能减排效应影响绿色全要素生产率

互联网发展的节能减排效应包括两个方面内容，一是互联网发展有利于降低能源强度，提高城市能源效率；二是互联网发展可以降低城市污染排放。

互联网发展对能源消耗的影响与互联网对社会生产生活方式的改变密切相关。

从居民角度看，随着互联网的发展，人们的工作、消费以及娱乐方式等都在发生着巨大变化。以近年来快速发展的电子商务为例，随着移动支付与智能物流配送体系的快速普及，越来越多的人开始习惯网上购物，通过网上选购、支付、线下取货实现轻松购物体验，不再需要人们到商场选购，不但节约了人们的大量通勤时间，同时减少了人们驾车出行带来的交通拥堵和能耗。同样，借助互联网的远程办公系统，人们也可以非常方便地实现居家办公。此外，互联网还可以让人们轻松实现远程会议、远程医疗以及远程教育等生活与工作中的重要事项。这些都能够大大减少人们的出行需求，从而降低能耗。

从企业角度看，一方面，通过以互联网为代表的信息技术在企业的广泛使用，能够改进企业组织结构、优化企业的生产运营流程，提高企业的生产效率和能源使用效率，降低企业的能耗。另一方面，随着互联网技术的使用，将会推动企业劳动者的技能水平大幅提高，由此增加企业的人力资本，增强企业的绿色技术创新能力，有利于企业开发出更多的绿色生产技术，从而提高企业的能源利用效率。此外，企业还可以通过基于互联网的管理信息系统来优化组织结构，通过将组织结构由以前的垂直结构变为扁平式结构，能够有效提高管理效率。通过实施远程办公及无纸化办公等创新管理方式，降低资源与能源消耗。从行业角度来看，互联网的发展主要通过改善资源配置效率、推动产业结构升级以及促进行业技术进步实现能源的节约。

值得注意的是，以互联网为代表的信息与通信产业的发展带来的信息技术产品的生产，包括信息终端产品如手机、计算机及其相关产品、互联网基础设施如光缆、基站等，仍然会消耗大量的资源和能源。同时，信息产业的发展虽然降低了某些传统行业的能源消耗，但是却增加了一些新兴产业比如快递业的资源和能源消耗。再有，互联网发展通过技术进步产生的能效提高有可能产生回弹效应（rebound effects）。从这个意义上看，互联网对能源消耗的影响具有两面性，既有积极的节能效应，也有可能在某些行业增加能耗。因此，如果要准确评价互联网对能源消耗的影响，需要综合考虑各种因素的作用。邓华和段宁（2004）以美国的能源消耗历史为例，说明了信息产业对能源的消耗具有两种效应，即"收入效应"与"替代效应"，"收入效应"增加了工业的能耗，而"替代效应"则降低了能耗。塔卡塞等（2004）研究发现信息产业减少了能源消耗。

关于互联网发展对污染排放的影响，可以从互联网发展推动企业的绿色技术创新以及提高环境监管效率两个方面进行分析。一方面，互联网发展加快了信息和知识的传播，有利于城市绿色生产技术的扩散并产生溢出效应，从而提高企业绿色技术创新能力，促进环境节能的清洁生产技术的推广与应用，有利于降低企业的污染排放。另一方面，借助互联网技术的信息低成本快速传播的优势，可以提高环境监管效率，从而降低污染排放。首先，政府和环保部门通过实施"互联网＋环保"优化环境管理信息系统，利用物联网、大数据、云计算等新兴技术及时获取与处理环境信息，这样将会有效降低政府与环保部门的信息获取成本，提高环境管理效率。其次，环保部门利用互联网技术将环境污染信息发布、及时曝光环境违法行为，有助于社会公众参与环境监管，这将对环境违法行为形成有效的震慑，从而减少污染排放，有利于促进绿色全要素生产率的提高。已有相关学者通过研究互联网发展对环境质量的影响，发现互联网发展减少了污染排放。如莫耶等（2012）认为互联网发展降低了碳排放；解春燕等（2017）从环境监测、公众参与、政府监管、环保产业四个方面分析了互联网发展对环境质量的影响，发现互联网技术进步显著减少了环境污染。而李寿国等（2019）却认为互联网发展与碳排放呈倒"U"型，当互联网发展水平较低时，互联网发展增加碳排放，而当互联网发展超过某个门槛值时，互联网发展将抑制碳排放。

3.4　互联网发展对绿色全要素生产率影响的进一步分析

为了进一步深入研究互联网发展对绿色全要素生产率的影响，下面分别基于城市的不同属性，探讨互联网发展对绿色全要素生产率的异质性影响，以及互联网发展影响绿色全要素生产率的网络效应和滞后效应。本节将从三个方面进一步分析互联网发展对绿色全要素生产率的影响。

3.4.1　异质性影响分析

互联网发展对绿色全要素生产率的影响可能受到城市经济发展水平、人力资本、资源禀赋、产业结构以及人口规模等因素的制约。为了全面准确分析互联网发展对不同特征城市绿色全要素生产率的影响效应差异，按照以下七个属性对城市进行分类分析。

（1）经济发展水平的异质性影响。首先，在经济发展水平高的城市，人们的收入水平和对生活品质的追求往往比经济落后地区高，人们对环境质量的要求以及环保理念和意识也更高，对于一些环境违法行为的容忍度也更低。与经济落后地区相比，互联网发展更容易促使经济发达地区人们形成良好的环境保护参与意识，从而有利于政府出台更严厉的环境规制政策制度，促进节能减排。其次，经济发达城市往往具有较高的研发投入和较强的技术创新能力，有利于购买更多的环保生产设备、培养更多的环保技术人员以及开发或引进更多的清洁生产技术，这将有助于发挥互联网技术的优势，从而提高绿色全要素生产率。最后，相对于经济不发达地区，经济发展水平高的地区往往具有较好的信息基础设施，互联网普及率也更高，便于人们利用互联网技术手段的优势监督环境违法行为，这也会有助于减少本地区的污染排放水平。

（2）城市规模与行政等级的异质性影响。城市人口规模是互联网发挥网络效应的前提条件。互联网具有特有的网络外部性，当网络规模达到一定程度时，互联网将对城市的能源消耗、污染排放与技术进步产生显著的影响，从而影响城市绿色全要素生产率。当然，此处我们要从两方面进行分析。一方面在规模效应与劳动力蓄水池的作用下，人口规模增加将提高城市的人口红利，产生显著的技术溢出效应，并提高城市全要素生产率。另一方面，人口的增加也可能会产生拥堵效应，消耗更多的能源并排放更多的污染，不利于城市绿色全要素生产率的提高。此外，行政等级对人才、资本、技术等生产要素的配置具有重要的影响。由于我国城市首先是地方政治中心，高行政等级的城市往往拥有更多的政策优惠措施，因此，更容易吸引资金、高素质的人力资本等资源，更有利于发挥互联网发展对绿色全要素生产率的提升效应。

（3）人力资本的异质性影响。人力资本水平也是制约互联网对城市绿色全要素生产率影响效应的重要因素。一方面，城市人力资本水平越高，表示人们的受教育程度越高。由于互联网的应用水平与价值在一定程度上与使用者的文化程度密切相关，因此，在互联网的应用广度和深度方面，人力资本高的城市都要超过人力资本低的城市，更有利于推动城市技术进步及效率的提高。另一方面，人力资本高的城市往往能够为城市节能环保技术的研发提供良好的人才支撑，更有利于应用互联网技术提升城市绿色全要素生产率。

（4）城市资源禀赋的异质性影响。城市的资源禀赋状况对绿色全要素生产率有重要影响。资源丰裕的城市在发展资源丰裕相关产业时成本更低，往往会充分利用本地资源的比较优势，比如能源丰裕城市会大力发展与能源消耗相关的重化工业，由于经济分工导致形成资源依赖和锁定效应，可能缺乏提高能源效率的激励（李江龙和徐斌，2018），不利于提高城市的绿色全要素生产率。而非资源型城市产业结构往往更有灵活性，互联网的发展能够降低人们创业的门槛，有利于促进服务业发展，从而可以改善非资源型城市的产业结构并提高绿色全要素生产率。因此，从这个意义上看，互联网发展对非资源型城市绿色全要素生产率的影响效应可能更显著。

（5）城市市场化程度的异质性影响。市场化程度反映了地区民营经济占经济总量的比重，在很大程度上体现了地区经济发展的活力。市场化程度越高，资源和要素的流动障碍越小，有利于改善资源配置效率，从而提高绿色全要素生产率。互联网作为一种快捷的信息传播媒介，互联网的发展能够通过"大众创业、万众创新"促进地区个体和私营经济发展，从而提高地区市场化程度。同样，市场化程度越高的城市，越有利于发挥互联网的资源优化配置效应，从而对绿色全要素生产率产生促进作用。因此，城市的市场化水平与互联网发展之间是一种相互影响、共同促进的关系，互联网发展对绿色全要素生产率的影响影响在不同市场化程度的城市之间可能存在差异。

（6）城市产业结构的异质性影响。产业结构是决定城市绿色全要素生产率的重要因素。当一个城市第二产业比重增加时，会增加能源的消耗与污染排放，不利于城市的绿色发展。城市产业结构按照第二、第三产业产值之比是否大于1可以分为工业主导型城市和服务业主导型城市，根据前文的理论分析，互联网发展对不同产业类型的影响存在差异，互联网发展有利于增加服务业的就业比重，提高服务业的产值，可见，互联网发展对服务业主导型城市绿色全要素生产率的影响可能更显著。

（7）城市环境规制强度的异质性影响。环境规制是影响城市资源消耗和污染排放的重要因素，一般来说，环境规制越强，能源消耗和污染排放水平越低，越有利于提高绿色全要素生产率。互联网具有信息快速传播和低成本的特点，借助互联网的应用，有助于充分发挥媒体和公众对环境的监督作用，从而降低环境管理成本，提高环境规制效率。政府部门可以借助互联网工具加强环境保护的宣传教育，提高人们的环保意识，使人们逐渐形成绿色低碳的生活方式。因此，对于环境规制强的城市，互联网发展对绿色全要素生产率的促进作用可能更加明显。

3.4.2 网络效应分析

值得注意的是，互联网发展对城市绿色全要素生产率的影响有可能是非线性的。作为一种开放式的信息传播与沟通工具，互联网具有典型的网络外部性（又称网络效应或梅特卡夫效应），即随着互联网用户数的增加，每个用户所获得的价值会随着网络用户规模的扩大而增加。用户增加带来的边际成本极低，使得互联网具有规模报酬递增性，这一点与传统工业经济模式显著不同。由于互联网具有网络外部性，当互联网发展水平达到一定程度时，互联网对绿色全要素生产率的影响可能瞬间被放大，这将导致互联网对城市绿色全要素生产率产生显著的推动作用，因此，互联网发展的这一阈值将成为城市经济绿色发展追求的目标。经济发展与资源禀赋的差异，不同城市可能存在不同的互联网发展阈值水平，因此，找到每个城市的互联网发展阈值对于提高城市绿色全要素生产率具有重要意义。

3.4.3 滞后效应分析

作为一种高效的信息传播方式，互联网发展对提高城市全要素生产率、促进绿色技术创新及节能减排的作用有可能存在滞后效应。具体来说，从互联网对全要素生产率的影响来看，互联网的应用有利于加快知识的创造和传播，从而产生显著的知识溢出效应，有利于增加城市人力资本、推动城市技术进步、降低企业研发成本、提高研发效率。考虑到技术进步从新知识的传播到最后形成发明专利以及投入生产需要一段时间的积累，因此，互联网发展对绿色全要素生产率的促进效应可能存在一定的滞后性。此外，互联网的应用能够降低企业的信息成本，有利于改善资源和能源的配置效率，有助于降低企业污染排放水平，改善绿色全要素生产率。这种影响效应不一定在当期完全体现，可能存在一定的滞后性。

3.5　本 章 小 结

本章为全书的理论基础，也是后续章节进行实证分析的依据。本章内容包括四个部分：首先，阐释互联网发展的内涵与外延、互联网发展的影响因素以及互联网发展对经济社会发展的影响；其次，介绍绿色全要素生产率的内涵及影响因素；再次，着重从经济、能源、环境三个维度分析了互联网发展对绿色全要素生产率的影响机理，包括影响效应表现及影响机制；最后，从异质性影响、网络效应与滞后效应三个方面进一步分析了互联网发展对绿色全要素生产率的影响。

互联网发展对绿色全要素生产率的影响机理见图 3 - 1。

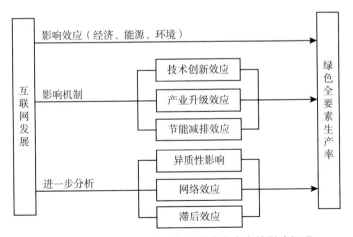

图 3 - 1　互联网发展对绿色全要素生产率的影响机理

第4章

中国互联网发展与绿色全要素
生产率的测度

为了准确把握中国互联网发展与绿色全要素生产率的现状特征，首先要对其进行准确科学测度，在此基础上全面分析其时空变化规律，以便为后续实证检验创造条件。本章包括三个方面的内容：首先利用主成分分析法测算全国 282 个地级以上城市的互联网发展综合指数，并分析我国城市互联网发展水平及其时空分布特征；其次，利用基于 SBM 的全局曼奎斯特－卢恩伯格（SBM-GML）指数测算全国地级以上城市的绿色全要素生产率及其分解——绿色技术进步与绿色技术效率，根据测算结果分析中国绿色全要素生产率的发展变化规律；最后通过格兰杰因果检验初步探讨互联网发展与绿色全要素生产率的相关性。

4.1　中国互联网发展水平的测度

自 1994 年中国首次接入国际互联网以来，经过短短 20 多年的发展，用户数快速增长，互联网普及率不断提高。随着互联网技术的不断发展，互联网逐渐应用到经济社会的各个领域，给人们的生产和生活带来深刻影响。人们从最初利用互联网浏览新闻、收发电子邮件等简单事务到如今的网上购物、支付、沟通交流、信息搜索、就医、出行、教育培训、娱乐游戏等，互联网应用几乎涵盖了人们衣食住行的方方面面。与此同时，互联网的信息传播迅速、成本低的特点也在深刻改变着企业的生产与管理方式，不断催生各种新型的商业模式，创造出巨大的互联网经济红利。根据中国互联网络信息中心（CNNIC）2021 年 9 月发布的《第 48 次中国互联网络发展状况统计报告》，截至 2021 年 6 月，中国网民规模达到 10.11 亿人，互联网普及率达 71.6%。网民使用率最高的互联网应用为即时通信、网络视频、网络支付、搜索引擎和网络新闻，其网民使用率均超过 80%。

4.1.1 指标选择

一般来说，互联网发展水平的衡量包括供给和需求两个方面，供给方面主要指互联网相关的信息基础设施投入，需求方面主要侧重互联网的应用与普及程度。由于缺乏城市互联网基础设施投资数据，关于中国互联网发展水平的研究绝大部分基于省级数据展开，采用单一指标或综合指数两种类型的指标进行测量，主要以探讨中国互联网发展的"数字鸿沟"现象及其影响因素为主。采用单一指标测度互联网发展的研究包括：刘桂芳（2006）以域名数量作为互联网发展水平的指标探讨了中国互联网发展的区域差异；崔龙录等（2009）采用互联网普及率作为 207 个国家（地区）互联网发展水平的指标，研究了 1991~2000 年互联网发展对经济增长的影响；刘姿均等（2017）运用互联网普及率作为省级互联网发展水平的衡量指标，采用空间计量方法研究了互联网发展对经济增长的影响；汪东芳等（2019）同样采用互联网普及率衡量地区互联网发展水平，基于 2000~2015 年的省级面板数据研究了互联网发展对中国能源效率的影响。

更多的学者采用综合指数来测量区域互联网发展水平。刘文新和张平宇（2003）选取千人网民数、万人网站数及域名数指标并建立互联网发展指数（IDI），分别从互联网普及率、网络资源丰度、互联网应用以及互联网发展综合水平四个方面分析中国互联网发展的区域差异；王恩海等（2006）分别利用互联网渗透率和互联网发展指数（IDI）比较不同国家和中国不同省份的互联网发展差距。俞立平等（2007）利用每百户居民 PC 拥有量和人均邮电业务额构建互联网指数，作为互联网发展的衡量指标，研究中国互联网发展的影响因素。王子敏等（2018）选择 9 个互联网发展相关指标，利用熵值法测算了 2006～2014 年中国各省份的互联网发展综合水平。左鹏飞等（2020）选取了与信息基础设施相关的 8 个指标构建了互联网综合发展指数，基于 2003～2018 年中国 31 个省份的面板数据，研究互联网发展、城镇化与产业结构升级之间的关系。

有少数学者考察了城市层面的互联网发展水平，如叶初升等（2018）基于 2002～2014 年的中国地级城市面板数据，利用互联网渗透率作为互联网发展水平的衡量指标，分析了互联网发展对经济增长和产业结构调整的影响。黄群慧等（2019）建立了城市互联网综合发展指数，研究互联网发展对促进制造业全要素生产率的影响。苏任刚等（2020）利用互联网渗透率作为城市互联网发展水平的衡量指标，考察了中国普惠金融对产业结构优化升级的影响。

考虑到省内各地级城市之间互联网发展水平也存在较大差异，利用省级互联网发展指标测得的结果略显粗糙，可能导致结论不准确，而采用地级城市互联网发展指标能够增加样本容量，使估计结果更加准确可信。当然，采用城市层面互联网发展相关数据也存在一些不足，比如城市层面的互联网发展可选指标有限。尽管如此，这些指标也基本可以准确反映一个地区互联网发展水平，不会对研究结果产生实质性影响。权衡利弊之后，为了全面准确地反映中国不同城市的互联网发展水平，本书将采用综合指标，基于城市层面互联网发展的相关数据，通过构建互联网发展综合指数来衡量中国城市互联网发展水平。

4.1.2 数据来源与测度方法

本书参照黄群慧等（2019）的做法，基于互联网应用与产出，根据 2003～2016 年全国 282 个地级以上城市互联网发展相关指标，选择城市互联网普及率、互联网从业人员比重、人均电信业务总量和人均移动电话用户数四个指标，运用主成分分析法，构建城市互联网发展综合指数，作为互联网发展水平的衡量指标。互联网发展综合指数构建方法见表 4－1。

表 4 – 1　　　　　　　城市互联网发展综合指数构建方法

一级指标	二级指标	指标定义	单位	计算方法	数据来源
互联网发展综合指数	互联网普及率（V_1）	互联网用户数 × 100/年末总人口	户/百人	主成分分析法	《中国统计年鉴》《中国城市统计年鉴》以及各城市统计年鉴
	互联网从业人员比重（V_2）	信息传输、计算机服务和软件业从业人数/年末单位从业人员数	—		
	人均电信业务量（V_3）	电信业务总量/年末总人口	万元/人		
	每百人移动电话用户数（V_4）	移动电话年末用户数/年末总人口	户/百人		

资料来源：黄群慧，余泳泽，张松林. 互联网发展与制造业生产率提升：内在机制与中国经验[J]. 中国工业经济，2019（8）：5 – 23.

测算中所有数据均来源于《中国统计年鉴》《中国城市统计年鉴》以及各地级市统计年鉴，部分缺失数据采取线性插值法补齐。之所以选择从 2003 年开始，是因为在《中国城市统计年鉴》中，自 2003 年才开始有互联网普及率的数据；同时，受"非典"事件影响以及信息技术的快速发展，2003 年以后我国互联网的发展速度明显加快，互联网应用范围不断拓展，互联网对我国经济社会发展的影响越来越大。因此，选择 2003 年作为研究起点年份是有意义的。而选择 282 个地级以上城市作为研究对象是因为在我国全部 291 个地级以上城市中，由于部分城市的设立、撤销与合并等原因，一些城市数据缺失严重，同时也考虑到后续对地级以上城市绿色全要素生产率的测算指标数据可得性的需要，因此删除了呼伦贝尔、巢湖、儋州、毕节、铜仁、拉萨、陇南、海东、中卫共 9 个数据缺失城市，最终选择了 282 个城市作为互联网发展指数测算对象。

借助 SPSS 26 软件，对我国 2003 ~ 2016 年 282 个城市的互联网发展相关指标进行主成分分析，构建城市层面的互联网发展综合指数。利用主成分分析法测算互联网发展综合指数的步骤如下。

（1）对原始数据进行标准化处理。分别对城市互联网发展的四个二级指标 $V_t(t=1,2,3,4)$ 进行标准化处理，即利用公式（4 – 1）得到标准化后的二级指标。

$$\tilde{X}_{ij} = \frac{X_{ij} - X_{\min}}{X_{\max} - X_{\min}} \qquad (4-1)$$

其中，X_{ij} 表示第 i 个城市第 j 年的互联网发展二级指标 $V_t(t=1，2，3，4)$ 的值，X_{max} 与 X_{min} 分别表示第 j 年 $V_t(t=1，2，3，4)$ 的最大值与最小值。

（2）计算互联网发展二级指标的相关系数矩阵（如表 4-2 所示）。

表 4-2　　　　　　　　　　　　相关系数矩阵

指标名称	互联网 普及率（V_1）	互联网从业 人数比重（V_2）	人均电信 业务量（V_3）	人均移动 电话用户数（V_4）
互联网普及率（V_1）	1	0.318	0.908	0.868
互联网从业人数比重（V_2）	0.318	1	0.375	0.28
人均电信业务量（V_3）	0.908	0.375	1	0.898
人均移动电话用户数（V_4）	0.868	0.280	0.898	1

资料来源：SPSS 统计输出。

根据相关系数矩阵可知，四项指标呈现正相关。

（3）检验主成分分析法的适用性。对标准化后的数据进行 Kaiser-Meyer-Olkin（KMO）检验及 Bartlett 球形检验以判断是否能够使用主成分分析法（如表 4-3 所示）。根据检验结果，取样足够的 KMO 度量值为 0.777，大于使用主成分分析法的门槛值 0.5，说明互联网发展各指标之间具有较多的共同因素；Bartlett 球形检验的近似卡方分布值为 1013.735，显著性水平小于 0.01，拒绝了相关系数矩阵为单位矩阵的原假设，说明样本数据适合使用主成分分析法进行降维处理。

表 4-3　　　　　　　　　　KMO 和 Bartlett 球形检验结果

取样足够的 Kaiser-Meyer-Olkin 度量		0.777
Bartlett 球形度检验	近似卡方分布	1013.735
	自由度	6
	显著性	0.0000

资料来源：SPSS 统计输出。

（4）确定主成分因子。根据经验，一般选择特征值大于 1 的成分作为主成分，进一步求出旋转后的主成分特征值及方差贡献率（见表 4-4）。

由表 4-4 可知，只有第 1 个成分的特征值大于 1，并且累计方差贡献率达 73.628%，说明第 1 个成分起主要作用，能够较好地代表其他成分的信息，因此提取第 1 个成分作为主成分，记为 F_1，代替样本中的四个互联网发展二级指标。其余成分包含的信息较少，故舍去。

表 4 - 4　　　　　　　　　　　解释的总方差

成分	初始特征值			提取平方和载入		
	特征值	方差的百分比	累积百分比	特征值	方差的百分比	累积百分比
1	2.945	73.628	73.628	2.945	73.628	73.628
2	0.843	21.066	94.694			
3	0.131	3.284	97.978			
4	0.081	2.022	100.000			

资料来源：SPSS 统计输出。

（5）计算主成分值。在确定主成分因子的条件下，求出主成分因子的得分系数矩阵，如表 4 - 5 所示。

表 4 - 5　　　　　　　　　主成分因子得分系数矩阵

指标	主成分因子得分
互联网普及率（V_1）	0.322
互联网从业人数比重（V_2）	0.162
人均电信业务量（V_3）	0.329
每百人移动电话用户数（V_4）	0.319

资料来源：SPSS 统计输出。

根据得分系数，第 1 个主成分可以表示为：
$$F_1 = 0.322 \times V_1 + 0.162 \times V_2 + 0.329 \times V_3 + 0.319 \times V_4 \qquad (4-2)$$
综合评分，互联网发展综合指数 F 的计算如下：
$$F = (73.628\% / 73.628\%) \times F_1 = F_1$$

最终可以求出 2003～2016 年我国 282 个城市的互联网发展综合指数得分。本书后续部分将以此得分作为各城市互联网发展水平的代理指标进行分析。

4.1.3　结果分析

1. 互联网发展单项指标分析

为了全面把握中国互联网发展的总体情况和区域差异，首先对互联网普及率、人均电信业务量、互联网从业人员占比及每百人移动电话用户数四个指标进行全国和地区层面的互联网发展水平分析。

（1）全国层面的分析。

利用公式（4-1）分别对互联网普及率、人均电信业务量、互联网从业人员占比及每百人移动电话用户数进行标准化，将标准化之后的数据按年份对282个城市的上述指标分别求算术平均值，得到全国层面的互联网普及率、人均电信业务量、互联网从业人员占比及移动互联网用户数情况（见表4-6）。

表4-6　　2003~2016年中国282个城市互联网发展相关指标均值

年份	互联网普及率	人均电信业务量	互联网从业人员比重	每百人移动电话用户数
2003	0.0303	0.0298	0.3217	0.0401
2004	0.0359	0.0324	0.2005	0.0558
2005	0.0371	0.0303	0.3089	0.0589
2006	0.0474	0.031	0.2019	0.0559
2007	0.067	0.032	0.1615	0.0559
2008	0.0863	0.0326	0.1753	0.0669
2009	0.0973	0.0347	0.1364	0.0746
2010	0.0348	0.0337	0.1156	0.0743
2011	0.1153	0.0667	0.1245	0.0852
2012	0.1178	0.0553	0.1352	0.0814
2013	0.1018	0.0733	0.1415	0.0687
2014	0.1206	0.0659	0.137	0.0705
2015	0.0869	0.1007	0.1269	0.0968
2016	0.1217	0.0973	0.1213	0.1115

资料来源：《中国统计年鉴》《中国城市统计年鉴》以及各城市统计年鉴，对所有指标标准化之后再求出算术平均值。

由表4-6可知，2003~2016年互联网发展的四个单项指标中，除了"互联网从业人员占比"存在下降趋势，其余指标基本上呈递增趋势。"互联网从业人员占比"出现下降趋势与互联网从业人员指标的代理变量选择有关。由于采用"信息传输、计算机服务和软件业从业人数/年末单位从业人员数"作为"互联网从业人员占比"的代理变量，实际上只统计了从事互联网软件行业的专业技术人员数量，未考虑互联网的硬件制造从业人员，即计算机、通信和其他相关电子设备制造业的从业人数，因此可能会缩小统计口径。实际上，考虑到互联网作为一种通用技术，已经广泛渗透到各行各业，在生活和工作中使用互联网的人数非常普遍，仅采用信息技术服务业从业人员衡量"互联网从业人员占比"有一定的局限性。但是，由于缺乏城市层面的互联网相关制造业从业人数的数据，要想将全部互联网从业人员包括进来并不是一件容易的事情。

值得注意的是，我国2010年的互联网普及率标准化后出现了较大的下降，而直接根据"每百人互联网用户数"的数据看并未出现这一现象。这可能是由于我国从2009年开始进入3G时代，网络速度大大提高，促进了更多互联网应用场景的出现以及催生了各种新业态，个别经济发达城市互联网用户急剧上升（如上海"每百人互联网用户数"达到366户，远远超过其他城市），导致在将原始的"互联网普及率"进行标准化时分母大大提高，从而使得其他城市的这一指标值出现了较大幅度的下降。

（2）地区层面分析。

为了进一步考察我国互联网发展单项指标的变化规律及区域差异，将全国分成东部、中部、西部三个地区，分别讨论每个地区的互联网发展情况。遵循学术界的一般做法，将我国除西藏、香港、澳门和台湾以外的30个省份分成东部、中部、西部三个地区，其中东部地区包括北京、天津、上海、广东、江苏、浙江、福建、辽宁、山东、河北、海南11个省份；中部地区包括湖北、湖南、江西、安徽、河南、山西、吉林、黑龙江8个省份；西部地区包括四川、重庆、云南、贵州、广西、甘肃、青海、宁夏、新疆、内蒙古、陕西11个省份。将282个城市按其所属省份分别归入东部、中部、西部地区，得到东部、中部地区各为101个城市，西部地区80个城市。以下将对四项指标的发展趋势逐一进行区域差异比较分析。

①互联网普及率。分别将标准化后的东部、中部、西部地区互联网普及率分年度计算平均值，并与全国的互联网普及率进行比较，结果见表4-7。

表 4-7　　　　2003~2016 年东部、中部、西部地区互联网普及率比较

年份	全国	东部	中部	西部
2003	0.0303	0.0556	0.0178	0.0143
2004	0.0359	0.0637	0.0215	0.0191
2005	0.0371	0.0633	0.0238	0.0209
2006	0.0474	0.0807	0.0301	0.0271
2007	0.0670	0.1142	0.0416	0.0396
2008	0.0863	0.1392	0.0563	0.0574
2009	0.0973	0.1511	0.0638	0.0716
2010	0.0348	0.0613	0.0186	0.0217
2011	0.1153	0.1752	0.0785	0.0860
2012	0.1178	0.1862	0.0782	0.0815
2013	0.1018	0.1609	0.0739	0.0622
2014	0.1206	0.1985	0.0816	0.0715
2015	0.0869	0.1366	0.0595	0.0589
2016	0.1217	0.1780	0.0896	0.0914

　　根据表 4-7，可以看出：东部地区的互联网普及率远远高于中部、西部地区，而中部、西部地区 2003~2016 年互联网普及率差别不大。

　　②人均电信业务量。同理可以计算出东部、中部、西部地区的人均电信业务量，结果如表 4-8 所示。

表 4-8　　　　2003~2016 年东部、中部、西部地区人均电信业务量比较

年份	全国	东部	中部	西部
2003	0.0298	0.0531	0.0160	0.0176
2004	0.0324	0.0545	0.0190	0.0215
2005	0.0303	0.0514	0.0176	0.0198
2006	0.0310	0.0544	0.0174	0.0186
2007	0.0320	0.0561	0.0178	0.0196

年份	全国	东部	中部	西部
2008	0.0326	0.0570	0.0180	0.0202
2009	0.0347	0.0591	0.0219	0.0200
2010	0.0337	0.0578	0.0192	0.0217
2011	0.0667	0.1043	0.0445	0.0473
2012	0.0553	0.0846	0.0357	0.0431
2013	0.0733	0.1118	0.0500	0.0541
2014	0.0659	0.1035	0.0415	0.0493
2015	0.1007	0.1528	0.0662	0.0785
2016	0.0973	0.1459	0.0671	0.0740

根据表 4-8，不难发现东部地区的人均电信业务量大于中西部地区，而中西部地区之间在 2011 年以前非常接近，2011 年以后西部地区人均电信业务量大于中部地区。这可能是由于西部地区 2011 年以来互联网快速发展，电信业务量有了较大提高，而西部地区人口的流出比例较高，导致总人口减少，从而使西部人均电信业务量超过中部。

③互联网相关从业人员占比。按照同样的办法，分别求出全国东部、中部、西部地区的互联网相关人员占单位从业人员的比重，标准化之后的结果见表 4-9。

表 4-9　　　　2003~2016 年东部、中部、西部地区互联网从业人员占比

年份	全国	东部	中部	西部
2003	0.3217	0.3786	0.2748	0.3091
2004	0.2005	0.2250	0.1661	0.2131
2005	0.3089	0.3275	0.2693	0.3353
2006	0.2019	0.2192	0.1753	0.2136
2007	0.1615	0.1774	0.1411	0.1672
2008	0.1753	0.1863	0.1572	0.1842
2009	0.1364	0.1368	0.1275	0.1471

续表

年份	全国	东部	中部	西部
2010	0.1156	0.1193	0.1034	0.1265
2011	0.1245	0.1286	0.1161	0.1300
2012	0.1352	0.1349	0.1206	0.1540
2013	0.1415	0.1543	0.1212	0.1509
2014	0.1370	0.1501	0.1256	0.1347
2015	0.1269	0.1491	0.1129	0.1164
2016	0.1213	0.1431	0.1075	0.1110

由表4-9可知，我国东部、中部、西部地区2003~2016年的互联网从业人数占比变化趋势大致相同，除2005年以外，东部地区2003~2008年以及2013~2016年两个时期领先中部、西部地区。值得注意的是，西部地区2008~2013年超越了东部和中部地区，在某种程度上体现了金融危机以来，中国加快西部地区信息基础设施建设、互联网相关从业人数比重的提高取得成效。而在2003~2016年整个时间段内，中部地区的互联网相关从业人数比重一直处于较低水平，反映出中部地区互联网相关的信息产业发展存在某种程度的滞后性，有待提高。

④每百人移动电话用户数。按照同样的方法，可以得到中国2003~2016年东部、中部、西部地区标准化以后的每百人移动电话用户数（见表4-10）。

表4-10　　　　2003~2016年东部、中部、西部地区每百人移动电话用户数

年份	全国	东部	中部	西部
2003	0.0401	0.0674	0.0235	0.0267
2004	0.0558	0.0850	0.0375	0.0421
2005	0.0589	0.0843	0.0381	0.0532
2006	0.0559	0.0845	0.0354	0.0456
2007	0.0559	0.0874	0.0383	0.0385
2008	0.0669	0.1006	0.0458	0.0512

年份	全国	东部	中部	西部
2009	0.0746	0.1125	0.0505	0.0573
2010	0.0743	0.1082	0.0495	0.0629
2011	0.0852	0.1227	0.0573	0.0732
2012	0.0814	0.1215	0.0514	0.0688
2013	0.0687	0.1063	0.0411	0.0560
2014	0.0705	0.1062	0.0454	0.0572
2015	0.0968	0.1326	0.0712	0.0839
2016	0.1115	0.1480	0.0844	0.0994

　　根据表 4 - 10，首先，从总体上看，可以发现东部、中部、西部地区每百人移动电话数呈逐年递增趋势。根据中国互联网络信息中心（CNNIC）2021 年 9 月发布的《第 48 次中国互联网络发展状况统计报告》，到 2021 年 6 月，中国网民使用手机上网的比例达 99.6%，可见随着移动电话用户数占总人口比例的增加，网民占总人口的比例也不断上升。互联网发展变化情况可以从中国互联网网络信息中心每年发布的统计报告中得到体现。中国互联网网络信息中心从 1997 年 10 月开始发布第 1 次《中国互联网络发展状况统计报告》，到 2021 年 9 月为止已经发布了 48 次。根据 CNNIC 的统计，中国网民人数由 1997 年 10 月的 62 万人增加到 2021 年 6 月的 10.11 亿人，上网人数增加了 1600 多倍，而互联网普及率也由 2002 年 6 月的 3.6% 增加到 2021 年 6 月的 71.6%，提高了将近 20 倍。

　　其次，从区域差异方面分析，东部地区每百人互联网用户数远远超过中部、西部地区，而中部、西部之间比较，仍然是西部地区高于中部地区。可能的原因是自 2001 年我国开始实施西部大开发，在区域协调发展政策的推动下，西部地区信息基础设施不断改善，具备了较好的上网条件；同时，国家一系列帮扶政策带来了人们收入的提高以及受教育水平的改善，使居民具备了上网的相应条件。

　　2. 互联网发展综合指数分析

　　（1）全国层面分析。

　　为了了解中国互联网发展的总体变化趋势，将全国 282 个城市每一年的互联网发展综合指数加总求平均值，结果如表 4 – 11 所示。根据表 4 – 11，2003 年以来，除了 2004 年、2006 年和 2010 年互联网发展指数有明显下降之外，中国互联网发展水平总体上是不断上升的，尤其是自 2013 年以来，中国城市互联网发展水平有了快速提高。这与政府长期以来大力推动信息化发展战略、不断加大互联网基础设施建设、大力推动"互联网 +"行动计划是分不开的。

表 4 – 11　　　　　　　　　2003 ~ 2016 年 282 个城市互联网发展指数

年份	互联网发展指数	年份	互联网发展指数
2003	0.0845	2010	0.0647
2004	0.0725	2011	0.1064
2005	0.0908	2012	0.1040
2006	0.0760	2013	0.1017
2007	0.0761	2014	0.1052
2008	0.0883	2015	0.1125
2009	0.0886	2016	0.1264

其次，从空间分布看，通过计算各个城市 2003 ~ 2016 年互联网发展综合指数的均值，并按照互联网发展综合指数由高到低排序（如表 4 – 12 所示），得到中国互联网发展水平排名前 20 的城市依次为：深圳、东莞、北京、中山、广州、珠海、上海、厦门、佛山、杭州、海口、苏州、南京、宁波、乌鲁木齐、西安、天津、舟山、昆明、无锡。这些城市绝大部分为一线城市或者省会城市，除了乌鲁木齐、西安和昆明外，其余城市都位于东部沿海地区。这 20 个城市不论是经济发展水平还是人力资本水平，在全国都位居前列。值得注意的是，在互联网发展水平排名前十的城市中，珠三角城市群占 6 个，充分说明珠三角城市群作为中国较早实施改革开放的地区，不但经济发展在全国处于领先水平，而且互联网信息技术发展水平也处于领先地位。值得注意的是，珠三角地区互联网发展水平较高与深圳作为全国互联网信息技术发展的排头兵以及对周边城市的辐射带动效应密切相关。

表 4 - 12　　　　2003～2016 年 282 个城市互联网发展综合指数均值

城市	互联网指数	城市	互联网指数	城市	互联网指数	城市	互联网指数	城市	互联网指数	城市	互联网指数
深圳	0.9335	惠州	0.1692	兰州	0.1365	石嘴山	0.1022	佳木斯	0.0919	曲靖	0.0472
东莞	0.6801	嘉兴	0.1679	鄂尔多斯	0.1362	营口	0.1018	伊春	0.0908	莱芜	0.0834
北京	0.4404	西宁	0.1667			衢州	0.1011	通化	0.0908	运城	0.0828
中山	0.3887	金华	0.1657	东营	0.1350	阳泉	0.1000	三门峡	0.0907	临汾	0.0826
广州	0.3740	克拉玛依	0.1636	南宁	0.1328	南平	0.0999	金昌	0.0901	承德	0.0825
珠海	0.3696			潮州	0.1324	南充	0.0515	鞍山	0.0899	湛江	0.0821
上海	0.3630	银川	0.1585	绍兴	0.1296	聊城	0.0505	晋城	0.0893	汕尾	0.0817
厦门	0.3553	长沙	0.1567	包头	0.1280	亳州	0.0499	巴彦淖尔	0.0885	芜湖	0.0814
佛山	0.3228	常州	0.1563	泉州	0.1275	淮南	0.0499			株洲	0.0800
杭州	0.2611	江门	0.1498	合肥	0.1273	商丘	0.0498	漳州	0.0882	忻州	0.0792
海口	0.2396	福州	0.1496	台州	0.1269	来宾	0.0498	清远	0.0877	绵阳	0.0791
苏州	0.2356	沈阳	0.1496	廊坊	0.1205	龙岩	0.0995	铜陵	0.0873	铜川	0.0790
南京	0.2293	青岛	0.1494	丽水	0.1177	云浮	0.0990	南通	0.0870	双鸭山	0.0790
宁波	0.2120	长春	0.1477	大庆	0.1163	韶关	0.0989	衡水	0.0870	榆林	0.0788
乌鲁木齐	0.2102	三亚	0.1465	镇江	0.1158	黄山	0.0988	唐山	0.0868	大同	0.0786
		武威	0.0531	北海	0.1153	阜新	0.0977	泰州	0.0868	阳江	0.0786
西安	0.2087	济宁	0.0531	汕头	0.1140	烟台	0.0970	新余	0.0863	连云港	0.0783
天津	0.2082	上饶	0.0531	石家庄	0.1134	延安	0.0965	广元	0.0855	沧州	0.0778
舟山	0.2039	邵阳	0.0528	潍坊	0.1129	锦州	0.0963	晋中	0.0851	朔州	0.0776
昆明	0.2003	宿州	0.0528	秦皇岛	0.1119	辽阳	0.0961	吉林	0.0846	宜昌	0.0774
无锡	0.1966	庆阳	0.0527	雅安	0.1116	张家界	0.0959	揭阳	0.0844	萍乡	0.0772
呼和浩特	0.1962	温州	0.1461	莆田	0.1109	酒泉	0.0955	抚顺	0.0841	宣城	0.0769
		湖州	0.1440	丹东	0.1066	盘锦	0.0953	通辽	0.0838	防城港	0.0765
武汉	0.1949	肇庆	0.1434	白山	0.1066	淄博	0.0949	鸡西	0.0837	辽源	0.0764
大连	0.1893	郑州	0.1430	攀枝花	0.1063	德阳	0.0940	衡阳	0.0495	吕梁	0.0761
济南	0.1863	贵阳	0.1424	威海	0.1052	柳州	0.0938	娄底	0.0486	四平	0.0759
成都	0.1796	哈尔滨	0.1408	本溪	0.1046	重庆	0.0934	信阳	0.0486	十堰	0.0756
太原	0.1789	南昌	0.1404	宁德	0.1044	牡丹江	0.0927	商洛	0.0480	张家口	0.0755
嘉峪关	0.1696	乌海	0.1379	扬州	0.1044	三明	0.0921	保山	0.0475	桂林	0.0755

续表

城市	互联网指数	城市	互联网指数	城市	互联网指数	城市	互联网指数	城市	互联网指数	城市	互联网指数
湘潭	0.0753	洛阳	0.0722	常德	0.0673	黄石	0.0641	淮安	0.0609	安阳	0.0556
乌兰察布	0.0753	赤峰	0.0722	齐齐哈尔	0.0671	枣庄	0.0639	咸宁	0.0608	茂名	0.0553
		丽江	0.0718			百色	0.0637	邯郸	0.0608	广安	0.0553
马鞍山	0.0753	张掖	0.0713	鹰潭	0.0670	德州	0.0637	赣州	0.0605	开封	0.0553
梅州	0.0743	安康	0.0711	汉中	0.0661	孝感	0.0427	鹤壁	0.0604	淮北	0.0553
白城	0.0743	朝阳	0.0698	松原	0.0660	平顶山	0.0398	许昌	0.0602	随州	0.0549
七台河	0.0741	铁岭	0.0698	滨州	0.0659	资阳	0.0425	荆州	0.0601	遂宁	0.0547
滁州	0.0739	鹤岗	0.0697	新乡	0.0658	黄冈	0.0423	泸州	0.0591	抚州	0.0545
保定	0.0739	吉安	0.0696	自贡	0.0655	驻马店	0.0407	河池	0.0590	临沧	0.0545
黑河	0.0737	内江	0.0692	临沂	0.0653	遵义	0.0397	益阳	0.0588	宿迁	0.0542
玉溪	0.0725	眉山	0.0691	邢台	0.0652	蚌埠	0.0631	吴忠	0.0588	崇左	0.0536
葫芦岛	0.0724	长治	0.0690	景德镇	0.0649	咸阳	0.0627	宜宾	0.0585	濮阳	0.0534
梧州	0.0724	盐城	0.0686	鄂州	0.0648	巴中	0.0621	达州	0.0585	宜春	0.0531
乐山	0.0723	池州	0.0685	徐州	0.0647	固原	0.0620	天水	0.0584	六安	0.0392
永州	0.0471	焦作	0.0685	郴州	0.0646	平凉	0.0618	襄阳	0.0581	贵港	0.0392
六盘水	0.0466	宝鸡	0.0683	荆门	0.0646	玉林	0.0617	渭南	0.0576	阜阳	0.0368
南阳	0.0459	日照	0.0680	贺州	0.0644	岳阳	0.0616	河源	0.0573	定西	0.0362
昭通	0.0454	怀化	0.0675	绥化	0.0642	九江	0.0614	白银	0.0572	漯河	0.0336
钦州	0.0453	泰安	0.0673	普洱	0.0642	安庆	0.0610	安顺	0.0565	周口	0.0330
菏泽	0.0430										

注：本表为各城市 2003 ~ 2016 年互联网发展综合指数均值按由高到低降序排列的结果；限于篇幅，未列出各城市每年的互联网发展综合指数。

最后，还可以进行中国互联网发展水平变化的时空分析，表 4 - 13 与表 4 - 14 为 2003 ~ 2016 年 282 个城市互联网发展综合指数排名前 20 名情况。

表 4 - 13　　　2003 ~ 2009 年 282 个城市互联网发展综合指数排名前 20 名

排名	2003 年	2004 年	2005 年	2006 年	2007 年	2008 年	2009 年
1	深圳	深圳	深圳	深圳	深圳	深圳	深圳

排名	2003 年	2004 年	2005 年	2006 年	2007 年	2008 年	2009 年
2	东莞	东莞	东莞	东莞	东莞	东莞	东莞
3	北京	北京	鄂尔多斯	北京	北京	上海	上海
4	舟山	广州	北京	上海	上海	北京	北京
5	中山	中山	珠海	广州	佛山	中山	中山
6	广州	珠海	广州	中山	中山	昆明	昆明
7	厦门	上海	上海	珠海	广州	佛山	佛山
8	珠海	佛山	中山	佛山	珠海	广州	广州
9	佛山	厦门	海口	铜川	江门	宁波	天津
10	上海	海口	佛山	厦门	厦门	天津	厦门
11	青岛	乌鲁木齐	长春	杭州	海口	珠海	温州
12	天津	杭州	杭州	海口	杭州	厦门	珠海
13	南京	天津	武汉	天津	天津	杭州	杭州
14	杭州	潮州	厦门	武汉	宁波	海口	白山
15	济南	大连	天津	呼和浩特	惠州	苏州	海口
16	西安	无锡	西宁	长春	昆明	长春	苏州
17	苏州	舟山	乌鲁木齐	惠州	长春	大连	宁波
18	海口	宁波	大连	乌鲁木齐	呼和浩特	呼和浩特	长春
19	银川	惠州	西安	昆明	苏州	无锡	西安
20	潮州	昆明	宁波	长沙	嘉峪关	嘉峪关	呼和浩特

表 4 – 14　　2010 ~ 2016 年 282 个城市互联网发展综合指数排名前 20 名

排名	2010 年	2011 年	2012 年	2013 年	2014 年	2015 年	2016 年
1	深圳	深圳	深圳	深圳	深圳	深圳	深圳
2	东莞	东莞	东莞	东莞	东莞	东莞	东莞
3	上海	广州	北京	广州	北京	北京	北京
4	北京	北京	广州	北京	舟山	中山	厦门
5	厦门	乌鲁木齐	厦门	中山	中山	厦门	珠海
6	中山	中山	佛山	上海	广州	珠海	中山
7	佛山	厦门	中山	厦门	厦门	舟山	广州

排名	2010 年	2011 年	2012 年	2013 年	2014 年	2015 年	2016 年
8	广州	佛山	珠海	珠海	珠海	广州	三亚
9	海口	珠海	西安	佛山	佛山	佛山	克拉玛依
10	广元	上海	上海	西安	上海	潍坊	杭州
11	白山	杭州	杭州	杭州	青岛	天津	上海
12	珠海	苏州	南宁	南京	天津	上海	南京
13	西安	海口	苏州	苏州	南京	南京	佛山
14	杭州	哈尔滨	海口	济南	杭州	杭州	苏州
15	呼和浩特	南京	武汉	海口	济南	成都	成都
16	福州	南宁	南京	哈尔滨	西安	苏州	济南
17	苏州	宁波	宁波	武汉	苏州	济南	西安
18	昆明	西安	太原	宁波	海口	西安	江门
19	宁波	白山	德阳	太原	银川	海口	无锡
20	泉州	无锡	乌鲁木齐	大连	潮州	银川	武汉

由表 4-13 与表 4-14 可以发现，2003～2016 年，互联网发展水平排名前 20 的城市中，深圳、东莞、北京在绝大部分年份中排在前三名，尤其是深圳和东莞，基本上在所有年份都排名第一和第二，其余的珠三角城市如珠海、中山、佛山也基本上排在前 10 名。其余城市基本上为一些省会城市或东部沿海城市。

互联网发展水平靠后的城市主要分布在河南、贵州、安徽、湖北、四川、广西、甘肃、宁夏等中西部省区。这说明中国互联网发展水平受到城市等级和地理区位的影响，在省会城市与一般地级市之间、在东部沿海与中西部城市之间存在显著差异。

（2）区域差异分析。

为了分析中国互联网发展的区域差异，同样将按照东部、中部、西部地区，分别讨论每个地区的互联网发展变化趋势。

首先计算东部、中部、西部地区城市在 2003～2016 年每一年的互联网发展综合指数的平均值（见表 4-15）。在 2003～2016 年，按照互联网发展综合指数均值大小排序,中国的互联网发展水平的区域格局为:东部 > 西部 > 中部。东部地区具有良好的经济基础和教育水平,在互联网发展的软硬件条件方面具有天然优势,因此互联网发展水平远远超过中部、西部地区,中西部地区的互联网发展水平尽管差距不大,但是西部地区发展要略高于中部地区。

表 4 – 15   2003 ~ 2016 年东部、中部、西部地区互联网发展综合指数均值比较

地区	2003 年	2004 年	2005 年	2006 年	2007 年	2008 年	2009 年
全国	0.0845	0.0725	0.0908	0.0760	0.0761	0.0883	0.0886
东部	0.1161	0.0994	0.1150	0.1037	0.1089	0.1231	0.1234
中部	0.0623	0.0514	0.0685	0.0545	0.0535	0.0633	0.0636
西部	0.0690	0.0611	0.0845	0.0640	0.0586	0.0713	0.0717
地区	2010 年	2011 年	2012 年	2013 年	2014 年	2015 年	2016 年
全国	0.0647	0.1064	0.1040	0.1017	0.1052	0.1125	0.1264
东部	0.0903	0.1479	0.1455	0.1447	0.1531	0.1568	0.1709
中部	0.0443	0.0756	0.0714	0.0715	0.0734	0.0807	0.0941
西部	0.0547	0.0877	0.0873	0.0802	0.0793	0.0904	0.1035

4.2 中国绿色全要素生产率的测度

全要素生产率作为反映经济增长质量和经济增长方式转变的重要指标受到越来越多学者的关注。然后,传统的全要素生产率往往只考虑资本和劳动投入,未考虑与可持续发展密切相关的能源消耗与污染排放,影响了全要素生产率测度的准确性与可靠性(陈诗一,2010)。而绿色全要素生产率在传统全要素生产率的基础上考虑了能源消耗与污染排放,是对全要素生产率的补充与完善,能够更加准确地反映经济发展的环境成本,是衡量经济高质量增长的重要标志。

4.2.1 测度方法、指标选取与数据来源

关于绿色全要素生产率的测度方法，已有较多学者进行了相关研究，归纳起来主要包括两种类型，即参数法与非参数法。参数法包括指数法、索洛余值法与随机前沿生产函数法。指数法的不足在于需要投入产出的价格信息，而作为非期望产出的污染排放没有市场价格，因此不适合用来测算绿色全要素生产率。索洛余值法由于严格的假设条件与现实不符，在实际中很少使用。随机前沿生产函数法能够在某种程度上避免随机扰动项的影响，并且能够对绿色全要素生产率的增长进行分解，具有一定的优势，陈诗一（2009）、匡远凤和彭代彦（2012）、汪锋和解晋（2015）等学者运用此方法测算了我国工业分行业或省份的绿色全要素生产率。但是该方法需要确定生产函数的具体分布与形式，具有很强的主观性，可能不符合我国经济发展现实（胡晓琳，2016）。

由于参数法存在不足，非参数的数据包络分析（DEA）方法在效率与生产率的核算中使用越来越普遍。特别是对于测算多个决策单元的全要素生产率。DEA 具有不需要投入产出的价格信息、不需要严格的假设条件、能够处理多投入多产出问题等优势，因而受到越来越多学者的青睐。然而，传统的 DEA-CCR、DEA-BCC 模型不能处理非期望产出的情况，并且未考虑投入产出的松弛性问题，因此不适合测算包含"坏产出"（污染排放）的绿色全要素生产率。为了解决投入产出指标的松弛性问题，托恩（2001）提出了非径向、非角度的 SBM 模型。SBM 模型克服了传统 DEA 模型的不足，可以处理污染排放等非期望产出问题，大量学者采用 SBM 模型测算绿色全要素生产率，如王兵（2010）、李玲和陶锋（2011）、李斌等（2016）、李卫兵等（2019）。然而，SBM 模型主要是用于测算静态的技术效率，不适合计算面板数据不同时间点的生产率变化。

在处理面板数据中不同决策单元不同时间点生产率变化及其分解时，需要采用曼奎斯特全要素生产率指数。曼奎斯特生产率指数最早由瑞典统计学家曼奎斯特（1953）提出，法勒等（1994）最早运用 DEA 模型测算了曼奎斯特指数，并把曼奎斯特指数分解为技术效率变化（technology efficiency change，TEC）和技术进步（technology change，TC）。但是，曼奎斯特指数（M 指数）基于投入或产出导向，只能考虑投入和产出的一个方面，不能有效

处理期望产出（"好"产出）和非期望产出（"坏"产出）同时变化的情况。为此，钱伯斯等（1996）在卢恩伯格（1992）利润函数的基础上，提出了方向性距离函数，钟扬霍等（Chung Yangho，1997）将包括非期望产出的方向性距离函数应用于曼奎斯特模型，构建了解决"坏"产出的曼奎斯特 – 卢恩伯格生产率指数（ML 指数）。现有的 ML 指数主要采用两个当期 ML 指数几何平均的办法，有可能导致在测算跨期方向性距离函数时线性规划无可行解的情况。因此，奥和赫什马提（Oh D H，Heshmati A，2010）将全局曼奎斯特生产率指数与方向性距离函数相结合，构建了全局曼奎斯特 – 卢恩伯格（Global Malmquist-Luenberger，GML）指数，以代替 ML 指数。GML 指数克服了传统 ML 指数无可行解的不足，并且可以循环累加（齐亚伟和陶长琪，2012）。

1. 测度方法

本书根据奥和赫什马提的原理，采用基于 SBM 方向性距离函数的 GML 指数来测度样本城市的绿色全要素生产率。

具体做法：假设每一个城市作为一个决策单元，每个城市有 U 种投入，V 种期望产出，W 种非期望产出，分别表示为：

$$\chi_{iu} = (x_{i1}, x_{i2}, \cdots, x_{iU}) \in R_U^+, \ y_{iv} = (y_{i1}, y_{i2}, \cdots, y_{iV}) \in R_V^+,$$
$$b_{iw} = (b_{i1}, b_{i2}, \cdots, b_{iW}) \in R_W^+$$

则对每一个决策单元（DMU），其反映环境技术的生产可能性集为：

$$P^t(x^t) = \left\{ (y^t, b^t) : \sum_{i=1}^{I} \lambda_i^t y_{iv}^t \geqslant y_{iv}^t, \ \forall v; \ \sum_{i=1}^{I} \lambda_i^t b_{iw}^t = b_{iw}^t, \ \forall w; \right.$$
$$\left. \sum_{i=1}^{I} \lambda_i^t x_{iu}^t \leqslant x_{iu}^t, \ \forall u; \ \sum_{i=1}^{I} \lambda_i^t = 1, \ \lambda_i^t \geqslant 0, \forall i \right\}$$

其中，$i = 1, 2, 3, \cdots, I$ 表示城市，$t = 1, 2, 3, \cdots, T$ 表示时期，λ_i^t 表示每个横截面观测值的权重，而 $\sum_{i=1}^{I} \lambda_i^t = 1$，$\lambda_i^t \geqslant 0$ 表示可变规模报酬（VRS）。

由于 $P^t(x)$ 依赖于 t 时刻的生产技术，有可能出现技术退步，为此，奥和赫什马提提出了全局生产可能性集 $P^G(x) = P^1(x^1) \cup P^2(x^2) \cup \cdots \cup P^T(x^T)$，即所有当期生产可能性集的并集，解决了决策单元生产前沿面技术效率不可比的问题。全局生产可能性集表示为：

$$P^G(x) = \left\{ (y^t, b^t) : \sum_{t=1}^{T} \sum_{i=1}^{I} \lambda_i^t y_{iv}^t \geqslant y_{iv}^t, \ \forall v; \ \sum_{t=1}^{T} \sum_{i=1}^{I} \lambda_i^t b_{iw}^t = b_{iw}^t, \ \forall w; \right.$$
$$\left. \sum_{t=1}^{T} \sum_{i=1}^{I} \lambda_i^t x_{iu}^t \leqslant x_{iu}^t, \ \forall u; \ \sum_{t=1}^{T} \sum_{i=1}^{I} \lambda_i^t = 1, \ \lambda_i^t \geqslant 0, \ \forall i \right\}$$

根据福山等（2009）的定义，在 VRS 条件下构建考虑非期望产出的 SBM 方向性距离函数为：

$$s_v^G(x) = (x^{t,i}, y^{t,i}, b^{t,i}; g^x, g^y, g^b)$$

$$= \max_{s^x, s^y, s^b} \frac{\frac{1}{U}\sum_{u=1}^{U} \frac{s_u^x}{g_u^x} + \frac{1}{V+W}\left(\sum_{v=1}^{V} \frac{s_v^y}{g_v^y} + \sum_{w=1}^{W} \frac{s_w^b}{g_w^b}\right)}{2}$$

s. t.

$$\sum_{t=1}^{T} \sum_{i=1}^{I} \lambda_i^t x_{iu}^t + s_u^x = x_{iu}^t, \ \forall u$$

$$\sum_{t=1}^{T} \sum_{i=1}^{I} \lambda_i^t y_{iv}^t - s_v^y = y_{iv}^t, \ \forall v$$

$$\sum_{t=1}^{T} \sum_{i=1}^{I} \lambda_i^t b_{iw}^t + s_w^b = b_{iw}^t, \ \forall w$$

$$\sum_{i=1}^{I} \lambda_i^t = 1, \ \lambda_i^t \geq 0, \ \forall i$$

$$s_u^x \geq 0, \ \forall u; \ s_v^y \geq 0, \ \forall v; \ s_w^b \geq 0$$

其中，$(x^{t,i}, y^{t,i}, b^{t,i})$ 表示城市 i 的投入产出向量、(g^x, g^y, g^b) 表示取值为正的投入产出方向向量，(s_u^x, s_v^y, s_w^b) 表示投入和产出松弛的向量。根据 SBM 方向性距离函数可以进一步构造 GML 生产率指数如下：

$$GML_t^{t+1} = \frac{1 + D_0^G(x^t, y^t, b^t; g^t)}{1 + D_0^G(x^{t+1}, y^{t+1}, b^{t+1}; g^{t+1})}$$

GML_t^{t+1} 指数大于、等于或小于 1 分别表示从 t 期到 $t+1$ 期城市绿色全要素生产率（GTFP）提高、不变或下降。

进一步，可以将 GML_t^{t+1} 分解为全局绿色技术进步指数（$GTECH_t^{t+1}$）和全局绿色效率变化指数（$GEFFCH_t^{t+1}$）的乘积。即：

$$GML_t^{t+1} = GTECH_t^{t+1} \times GEFFCH_t^{t+1}$$

$$GTECH_t^{t+1} = \frac{\dfrac{1 + D_0^G(x^t, y^t, b^t; g^t)}{1 + D_0^t(x^t, y^t, b^t; g^t)}}{\dfrac{1 + D_0^G(x^{t+1}, y^{t+1}, b^{t+1}; g^{t+1})}{1 + D_0^{t+1}(x^{t+1}, y^{t+1}, b^{t+1}; g^{t+1})}}$$

$$GEFFCH_t^{t+1} = \frac{1 + D_0^t(x^t, y^t, b^t; g^t)}{1 + D_0^{t+1}(x^{t+1}, y^{t+1}, b^{t+1}; g^{t+1})}$$

其中，全局绿色技术进步指数（$GTECH_t^{t+1}$）用于衡量该城市从 t 期到 $t+1$

期生产可能性边界向外扩张的程度，取决于与节能环保技术相关的绿色技术进步，$GTECH_t^{t+1}$ 大于或小于 1 分别表示绿色技术进步或退步；全局绿色效率变化指数（$GEFFCH_t^{t+1}$）衡量该城市从 t 期到 $t+1$ 期向生产前沿面靠近的程度，取决于城市资源配置效率的提高与管理制度的改善等，$GEFFCH_t^{t+1}$ 大于或小于 1 分别表示绿色技术效率改善或恶化。

2. 指标选取与数据来源

由于《中国城市统计年鉴》从 2003 年才开始发布城市"三废"排放的相关数据，而从 2017 年开始不再公布城市固定资产投资总额数据，因此，固定资产投资数据截止到 2016 年，2016 年以后的数据无法获取。为了各统计指标口径的一致性，经过综合权衡考虑，本研究决定以 2003～2016 年作为研究时段。借鉴李卫兵等（2019）的做法，相关的投入产出指标选择如下。

（1）投入指标。投入指标包括劳动投入、资本投入与能源投入。具体测算方法如下。

①劳动投入。参考大多数文献的做法，采用城市年末单位从业人员数与城镇私营和个体从业人员数之和作为劳动投入。

②资本投入。采用永续盘存法估算资本存量，本研究参考柯善咨（2014）的方法，根据公式 $K_t = K_{t-1}(1-\delta) + (I_t + I_{t-1} + I_{t-2})/3$ 计算第 t 期的资本存量。其中，K_t、K_{t-1} 分别表示第 t 年、第 $t-1$ 年的资本投入，I_t、I_{t-1}、I_{t-2} 分别表示第 t 年、第 $t-1$ 年、第 $t-2$ 年的不变价固定资产投资[①]。参考单豪杰（2008）的办法，设折旧率 $\delta = 0.1096$。基期资本存量根据公式 $K_0 = I_0 \times (1+g)/(g+\delta)$ 确定。其中，I_0 为 2003 年的不变价固定资产投资[②]，g 为不变价固定资产投资 I_t 的平均增长率。

③能源投入。采用城市用电量作为能源投入的代理指标。

（2）产出指标。产出指标包括期望产出（也称"好"产出）与非期望产出（也称"坏"产出）两种。

期望产出用 2000 年不变价的各城市 GDP 表示。采用各城市所在省份的 GDP 价格指数对各城市的名义 GDP 进行平减，统一折算以 2000 年为基期的实际 GDP。关于非期望产出指标的选择，一些学者采用单一指标，如肖攀

---

① 根据各城市所在省份的 GDP 价格指数统一折算为以 2000 年为基准的固定资产投资。

② 将 2003 年的固定资产投资折算为以 2000 年为基准的固定资产投资。

等（2013）、刘赢时等（2018）选择二氧化硫排放量作为非期望产出，而更多的学者，如李卫兵等（2019）采用污染综合指数作为非期望产出指标。考虑到不同城市污染排放种类的异质性，采用单一指标无法全面准确地反映各城市的污染排放实际，因此，本书中非期望产出利用各城市全部污染排放种类构建污染综合指数，包括工业二氧化硫、工业废水以及工业烟粉尘排放量①。由于不同污染物的性质不同，不能直接加总，为了便于比较，采用熵值法算出将每个城市三种污染物排放量的污染综合指数作为每个城市的非期望产出。

　　绿色全要素生产率的测度指标相关数据分别来源于《中国统计年鉴》《中国城市统计年鉴》《中国区域经济统计年鉴》《中国能源统计年鉴》《中国环境统计年鉴》、EPS 数据库及各省市统计年鉴和统计公报，个别缺失数据采用线性插值法予以补充。各投入产出指标含义、计算方法与数据来源见表 4 – 16。

表 4 – 16　　　　　　　　　投入产出指标定义及数据来源

指标类型	指标名称		指标定义与计算方法	单位	数据来源
投入指标	劳动		城市年末单位从业人员、城镇私营与个体从业人员之和	人	《中国统计年鉴》《中国城市统计年鉴》《中国区域经济统计年鉴》《中国能源统计年鉴》《中国环境统计年鉴》及各省市统计年鉴
	资本		采用永续盘存法计算	万元	
	能源		城市用电量	万千瓦时	
产出指标	期望产出		城市实际 GDP（折合为 2000 年不变价）	万元	
	非期望产出	二氧化硫	城市工业二氧化硫排放量	吨	
		废水	城市工业废水排放量	万吨	
		烟粉尘	城市工业烟粉尘排放量	吨	
		综合污染指数	利用熵值法将城市工业废水、二氧化硫及烟粉尘排放折算成污染综合指数	—	

　　经过数据整理，最后获得 282 个城市以劳动、资本、能源作为投入要素，以地区 GDP 为期望产出，二氧化硫、烟粉尘及废水排放量为非期望产

---

　　①　由于《中国城市统计年鉴》在 2011 年以前统计的是各城市的烟尘排放量，而从 2011 年开始改为统计烟粉尘排放量，为了保证统计指标口径前后的一致，根据《中国环境统计年鉴 2013》中 2000～2010 年全国烟尘与粉尘排放总量比例，计算出 2010 年以前各城市的烟粉尘排放量。

出（使用熵值法构建综合污染指数）的投入产出指标体系，相关变量的描述性统计见表 4 - 17。

表 4 - 17　　　　　　　　投入产出指标的描述性统计

变量	单位	样本数	平均值	标准差	最小值	最大值
劳动	人	3948	9.14e + 05	1.32e + 06	5.58e + 04	1.73e + 07
资本	万元	3948	2.49e + 07	3.74e + 07	5.67e + 05	4.35e + 08
能源	万千瓦时	3948	7.27e + 05	1.27e + 06	2248	1.49e + 07
GDP	万元	3948	4.75e + 06	7.97e + 06	2.36e + 05	1.60e + 08
二氧化硫	吨	3948	5.87e + 04	5.89e + 04	2	6.83e + 05
废水	万吨	3948	7492	9627	7	91260
烟粉尘	吨	3948	3.3e + 04	1.21e + 05	34	5.17e + 06
污染综合指数	—	3948	0.0037	0.0045	0	0.1406

4.2.2　测算结果分析

本书选择中国 282 个地级以上城市作为研究对象，采用 MAXDEA8.0 软件测算出其绿色全要素生产率指数。利用绿色全要素生产率指数分解办法，可以得到全国 282 个城市的绿色全要素生产率增长率、绿色技术进步及绿色效率变化指数。结果显示，2003 ~ 2016 年中国绿色全要素生产率指数的平均值为 1.0023，表示中国地级以上城市绿色全要素生产率平均增长 0.23 个百分点。说明自 2003 年以来，中国经济增长总体上体现出资源节约和环境友好的特征。

为了全面了解中国绿色全要素生产率的变化规律，下面将从全国层面与地区层面两个方面分别对绿色全要素生产率指数及其分解进行分析。

1. 全国层面绿色全要素生产率指数及其分解

图 4 - 1 显示了中国 282 个城市 2004 ~ 2016 年绿色全要素生产率指数均值变化趋势[①]。由图 4 - 1 可知，中国从 2004 年开始绿色全要素生产率指数

---

①　由于绿色全要素生产率指数为绿色全要素生产率的增长率，因此测得的结果没有第一年（2003 年）的增长率，所以绿色全要素生产率指数从 2004 年开始。

呈稳步上升趋势,尤其是自 2007 年以来,基本上都处于增长状态。这反映出确立科学发展观、建设资源节约型和环境友好型社会、生态文明建设、"五位一体"的总体布局等理念、措施取得了明显成效。

图 4 - 1   2004 ~ 2016 年 282 个城市绿色全要素生产率指数均值变动趋势

为了全面把握2004 ~ 2016 年绿色全要素生产率上升和下降的城市数量及其所占比重的变化情况,本书按年度对绿色全要素生产率上升和下降的城市数量进行了统计,结果见表4 - 18。

表 4 - 18   2004 ~ 2016 年绿色全要素生产率提高或降低的城市占比情况

年份	$GTFP \geqslant 1$		$GTFP < 1$	
	数量(个)	比重(%)	数量(个)	比重(%)
2004	86	30.50	196	69.50
2005	85	30.14	197	69.86
2006	139	49.29	143	50.71
2007	185	65.60	97	34.40
2008	215	76.24	67	23.76
2009	186	65.96	96	34.04
2010	189	67.02	93	32.98
2011	134	47.52	148	52.48
2012	201	71.28	81	28.72

年份	GTFP≥1		GTFP<1	
	数量（个）	比重（%）	数量（个）	比重（%）
2013	210	74.47	72	25.53
2014	204	72.34	78	27.66
2015	193	68.44	89	31.56
2016	270	95.74	12	4.26

由表 4－18 可知，除 2011 年以外，2004～2016 年，绿色全要素生产率增长的城市呈逐步增加趋势，由 2004 年的 86 个增加到 2016 年的 270 个，占样本地级城市的比重由 30.50% 提高到 95.74% 以上，尤其是自 2007 年以来，基本上每年绿色全要素生产率提高的城市数占全部城市的一半以上。可见，中国绝大部分城市的绿色全要素生产率处于增长状态，中国经济逐步实现向绿色低碳的高质量发展模式转型。可能的原因：一是 2005 年以来政府加大了环境保护工作的力度，比如国务院出台了《关于落实科学发展观加强环境保护的决定》等；二是党的十六大以来提出新型工业化道路。这些都有助于提升工业绿色技术进步，改善技术效率，优化资源配置，从而降低工业的能源消耗和污染排放。

既然技术进步和效率改善都能够促进全要素生产率的提高，为了准确把握中国绿色全要素生产率增长的来源，下面将绿色全要素生产率指数（GML）分解为绿色技术进步指数（GTECH）与技术效率指数（GEFFCH），并分别计算其平均值，得到 282 个城市 2004～2016 年绿色全要素生产率及其分解，结果如表 4－19 所示。由表 4－19 可知，2004～2006 年，中国绿色全要素生产率指数、绿色技术进步指数和绿色技术效率指数均值都小于 1，反映出这一时期我国经济处于粗放式发展模式下，经济发展对资源环境造成了很大影响。从 2007 年开始，中国经济逐渐转向绿色低碳发展模式，表现在绿色全要素生产率指数均值都大于 1。另一方面，从绿色全要素生产率变化的来源看，绿色技术进步与绿色技术效率都为我国绿色全要素生产率的增长作出了贡献，除 2015 年外，中国绿色全要素生产率增长主要来源于技术进步，以及技术进步与效率改善的共同作用。之所以取得上述结果，一方面在于中国自 2006 年以来大力提高环境保护力度，出台了一系列政策、法规、制度来规范企业的生产和污染排放行为，另一方面也与中国自 2003 年"非典"以来互联网快速发展、基础设施不断完善以及市场化程度不断提高有密切关系。

表 4 - 19　　2004 ~ 2016 年 282 个城市绿色全要素生产率指数及其分解均值

年份	GML	GTECH	GEFFCH
2004	0.9864	0.9811	1.0054
2005	0.9925	0.9831	1.0095
2006	0.9929	0.9662	1.0276
2007	1.0070	1.0009	1.0061
2008	1.0097	1.0051	1.0046
2009	1.0064	1.0064	1.0000
2010	1.0099	1.0227	0.9874
2011	1.0087	1.0030	1.0057
2012	1.0082	1.0047	1.0035
2013	1.0113	1.0064	1.0049
2014	1.0090	1.0225	0.9869
2015	1.0072	0.9861	1.0214
2016	1.0287	1.0121	1.0164
平均值	1.0060	1.0000	1.0061

2. 地区层面绿色全要素生产率指数及其分解

为了更好地掌握中国绿色全要素生产率及其分解发展变化的区域差异，将中国 282 个地级城市按其所属省份归入东部、中部、西部三个地区，得到东部、中部、西部分别为 101 个、101 个、80 个城市；分别计算每个地区城市 GML 指数及其分解的均值，得到表 4 - 20 和表 4 - 21。根据以上结果可以比较中国东部、中部、西部地区绿色全要素生产率及其分解项的地区差异。

表 4 - 20　　　2004～2016 年东部、中部、西部地区 GML 指数均值

年份	全国	东部	中部	西部
2004	0.9842	0.9861	0.9891	0.9758
2005	0.9871	0.9891	0.9807	0.9924
2006	0.9900	0.9802	0.9961	0.9946
2007	1.0035	1.0005	1.0072	1.0027
2008	1.0083	1.0086	1.0084	1.0079
2009	1.0023	1.0005	1.0047	1.0017
2010	1.0056	1.0128	1.0047	0.9978
2011	0.9989	0.9957	1.0008	1.0006
2012	1.0064	1.0013	1.0080	1.0106
2013	1.0041	1.0051	1.0015	1.0059
2014	1.0039	1.0029	1.0041	1.0047
2015	1.0029	0.9972	1.0033	1.0094
2016	1.0260	1.0230	1.0239	1.0322
平均值	1.0018	1.0002	1.0025	1.0028

表 4 - 21　　　2004～2016 年东部、中部、西部地区 GML 指数分解

年份	东部		中部		西部	
	GTECH	GEFFCH	GTECH	GEFFCH	GTECH	GEFFCH
2004	0.9879	1.0006	0.9836	1.0070	0.9696	1.0095
2005	0.9954	0.9966	0.9657	1.0213	0.9894	1.0112
2006	0.9547	1.0284	0.9770	1.0218	0.9672	1.0339
2007	1.0170	0.9872	0.9898	1.0215	0.9947	1.0105
2008	1.0047	1.0053	1.0085	1.0011	1.0015	1.0080
2009	1.0038	0.9981	1.0086	1.0024	1.0070	0.9995
2010	1.0265	0.9896	1.0205	0.9878	1.0208	0.9841
2011	1.0274	0.9734	0.9958	1.0128	0.9816	1.0370

年份	东部		中部		西部	
	GTECH	*GEFFCH*	*GTECH*	*GEFFCH*	*GTECH*	*GEFFCH*
2012	1.0020	1.0004	1.0039	1.0050	1.0091	1.0054
2013	1.0003	1.0108	1.0147	0.9914	1.0036	1.0144
2014	1.0216	0.9860	1.0118	0.9938	1.0366	0.9794
2015	0.9756	1.0281	0.9954	1.0094	0.9876	1.0277
2016	1.0103	1.0138	1.0064	1.0195	1.0213	1.0158
平均值	1.0021	1.0014	0.9986	1.0073	0.9992	1.0105

首先，根据表 4-20，可知三大区域 2004～2006 年的绿色全要素生产率同时出现下降。在 2007～2016 年时间段内，东部地区在 2011 年及 2015 年，西部地区在 2010 年出现了绿色全要素生产率的下降，其余年份三大区域的绿色全要素生产率都是上升的。按照地理分布划分的中国东部、中部、西部三大区域的绿色全要素生产率指数均值排序为：西部 > 中部 > 东部，尽管这一结果与一般的认知有所不同，但是仍然可以从两方面进行解释。第一，在本书的研究时期内，东部和中部地区长期以来产业结构中工业比重较大，同时人口密度较高，导致产生较多的能源消耗及污染排放，从而抑制了绿色全要素生产率的改善；而西部地区尽管经济发展相对落后，但是与东部和中部相比，产业结构中第二产业占比较低，同时人口密度小，因此能源消耗和污染排放也相对较少，从而使得西部地区的绿色全要素生产率指数比东部和中部高。第二，考虑到三个区域之间的 GML 指数差别非常小（不超过万分之五），并且本书选取城市作为研究对象，而同一区域内部的城市之间的绿色全要素生产率也有可能有较大差距，这种差异有可能超过东部、中部、西部同类城市之间的差距，因此，这种选择城市为样本的测算结果可能与选择省级为样本的结果有一定差异。

再看三大区域的绿色全要素生产率指数分解项的比较。首先，从绿色技术进步指数 *GTECH* 来看，三大区域 2004～2006 年的绿色技术进步水平都出现了下降。东部地区从 2007 年开始、中西部地区从 2008 年开始绿色技术进步水平逐渐提高。具体来说，2007～2016 年，东部地区仅在 2015 年绿色技术进步水平出现倒退，而中西部地区仅仅在 2011 年和 2015 年出现绿色技术进步水平的下降，其余年份均有提高。2004～2016 年中国东部、中部、西部地区绿色技术进步指数均值分别为 1.0021、0.9986 以及 0.9992，即东部 > 西部 > 中部，可见，东部地区绿色技术进步明显，而中西部地区却出现了绿色技术退步。其次，从绿色技术效率指数 GEFFCH 的变化看，东部地区在 2005 年、2007 年、2009 年、2010 年、2011 年及 2014 年，中部地区在 2010 年、2013 年及 2014 年，西部地区在 2009 年、2010 年及 2014 年出现了绿色技术效率的恶化，其余年份均为绿色技术效率的改善。总体而言，2004～2016 年，东部、中部、西部地区的绿色技术效率平均值分别为 1.0014、1.0073 和 1.0105，均大于 1，说明我国三大区域 2004～2016 年的绿色技术效率总体上得到了改善。

4.3　中国互联网发展与绿色全要素生产率的相关性分析

本书 4.1 节和 4.2 节已经在城市层面对中国互联网发展与绿色全要素生产率指数的现状进行了比较全面的分析，为了探析城市互联网发展与绿色全要素生产率之间的关联性，下面将分别从二者的相关系数、散点图以及格兰杰因果关系三个方面对其相关性进行分析。

在分析中，互联网发展（INT）采用 4.1 节测算的我国 282 个地级以上城市的互联网综合指数，并按年度计算其平均值；计算出来的 GML 指数及其分解为绿色全要素生产率的环比增长率，绿色全要素生产率（GTFP）的计算参考陈超凡（2016）的方法，假设基期（2003 年）的 GTFP 为 1，通过逐年累乘可以得到 2004～2016 年每年的 GTFP。

首先，计算 INT 与 GTFP 的相关系数（如表 4-22 所示）。

表 4-22　　　　　　　　　　　　　相关系数

变量	GTFP	INT
GTFP	1.000	—
INT	0.290 ***	1.000

注：***、**、*分别表示在 10%、5%、1% 的水平上显著。

可见，互联网发展与绿色全要素生产率的相关系数为0.29，在1%的显著性水平上高度相关。下面进一步通过绘制散点图及拟合直线来考察二者的关系（见图4-2）。由图4-2可知，城市互联网发展水平与绿色全要素生产率呈正相关关系，然而，值得一提的是，散点图仅考虑了互联网发展单一因素对绿色全要素生产率的影响，未控制其他变量的影响。因此，从严格意义上说，这种散点图体现的相关关系并不准确，仅能作为一种二者相关关系的初步判断。

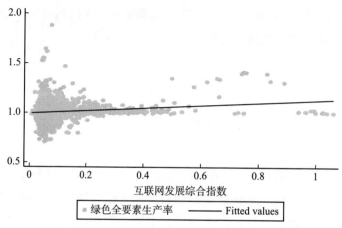

图4-2　互联网发展与绿色全要素生产率的散点图

为了进一步探索二者的因果关系，下面进行互联网发展与绿色全要素生产率的格兰杰因果检验。

首先进行数据的平稳性检验。此处采用面板单位根的方法进行，面板数据的单位根检验方法包括两类，一类是检验相同单位根的方法，另一类是检验不同单位根的方法，前者有LLC、Breitung和Hadri检验法，后者则包括IPS或Fisher-ADF检验法，原假设为存在单位根，一般认为如果有两种检验拒绝原假设，则可以认为该序列为平稳序列。此处选择学术界常用的三种检验方法，即LLC检验、IPS检验及Fisher-ADF检验，三种检验的原假设均为面板数据存在单位根，若检验结果拒绝原假设，则表示面板数据为平稳序列，满足平稳性要求，否则表示不平稳，需要进一步进行协整分析。本书采用Stata16软件进行检验，结果如表4-23所示。

表 4 – 23   单位根检验结果

变量	LLC		IPS		Fisher-ADF		结论
	统计量值	P 值	统计量值	P 值	统计量值	P 值	
INT	– 32. 1972	0. 0000	– 15. 1942	0. 0000	– 8. 1149	0. 0000	平稳
GTFP	– 29. 6449	0. 0000	– 11. 9566	0. 0000	– 10. 3982	0. 0000	平稳

可见，互联网发展（*INT*）与绿色全要素生产率（*GTFP*）在三种检验方式下均在 1% 的显著性水平上拒绝了原假设。说明互联网发展与绿色全要素生产率都是平稳序列，可以进行格兰杰因果检验。检验结果见表 4 – 24。

表 4 – 24   格兰杰因果检验结果

假设	Z-bar	Z-bar tilde	p-value	结论
互联网发展不是绿色全要素生产率的格兰杰原因	18. 7276	10. 3889	0. 0000	拒绝
绿色全要素生产率不是互联网发展的格兰杰原因	20. 7728	11. 7248	0. 0000	拒绝

检验结果显示：*INT* 是 *GTFP* 的格兰杰原因，同时 *GTFP* 也是 *INT* 的格兰杰原因。可见，互联网发展与绿色全要素生产率之间存在双向因果关系，这说明了二者之间具有很强的相关性，存在相互影响的情况，提醒在实证分析时有必要处理二者由于双向因果导致的内生性问题。

4.4 本 章 小 结

本章以中国 282 个地级以上城市为研究对象，基于 2003 ~ 2016 年的相关数据，分别采用主成分分析法和 SBM-GML 指数对中国城市互联网发展水平及绿色全要素生产率进行科学测度，结果见下。

（1） 2003 ~ 2016 年，中国互联网发展综合指数总体呈上升趋势，分区域看，东部地区的互联网综合指数最高，中部地区最低。对互联网发展的四个分项指标进行比较，发现东部地区的互联网普及率、人均电信业务量及每百人移动电话用户数三个指标均远超中西部地区，而东部、中部、西部地区的互联网相关从业人员占比这一指标差异较小。在具体城市层面，按照互联网发展综合指数排名，中国互联网发展水平排名前 20 位的城市为深圳、东莞、北京、中山、广州、珠海、上海、厦门、佛山、杭州、海口、苏州、南京、宁波、乌鲁木齐、西安、天津、舟山、昆明、无锡。

（2）在城市绿色全要素生产率的测算中，选择劳动、资本、能源作为投入指标，地区生产总值为期望产出，以城市工业二氧化硫、工业废水、工业烟粉尘排放量折算成污染综合指数作为非期望产出。根据测算结果可知，中国绿色全要素生产率指数呈稳步增长趋势，尤其是自 2007 年以来，绿色全要素生产率不断提高。从绿色全要素生产率增长的来源看，技术进步与效率改善同时推动了绿色全要素生产率的提高，并且绿色技术效率的贡献更大。从地区层面看，东部、中部、西部地区的绿色全要素生产率指数差异并不大，而按照 GML 指数均值排名为：西部 > 中部 > 东部，这可能与东部、中部、西部地区内部城市之间存在较大差异有关；在绿色全要素生产率的分解方面，东部地区的绿色技术进步指数最高，中部最低；绿色技术效率指数西部最高、东部最低。

（3）为了便于下一章从实证角度研究互联网发展对绿色全要素生产率的影响，本章还对互联网发展与绿色全要素生产率的相关性进行了分析，根据二者的相关系数和散点图，发现互联网发展与绿色全要素生产率在 1% 的显著性水平上高度相关；进一步根据格兰杰因果检验，发现互联网发展是绿色全要素生产率的格兰杰原因，而绿色全要素生产率也是互联网发展的格兰杰原因，可见二者之间存在双向因果关系，这一发现也为后面回归分析中处理内生性问题提供了依据。

第 5 章

互联网发展对绿色全要素生产率
影响的实证：基本分析

5.1 引　　言

随着信息技术的不断进步，作为信息和通信技术发展的最新成果，互联网正对中国经济社会发展和人们的生产生活产生广泛而深刻的影响。互联网自 20 世纪 90 年代初开始在我国出现和应用，由于受到网速和资费的限制，在整个 90 年代我国的互联网发展较慢。进入 21 世纪，尤其是 2003 年"非典"以来，信息技术的不断进步推动了互联网的提速降费，以手机为载体的移动互联网传输能力和速度由最初的 2G 发展到 4G 和 5G①，大大拓展了互联网的应用领域。移动智能终端设备尤其是智能手机的不断普及，推动了移动互联网的广泛应用，催生了以 BATJ② 为代表的一批互联网企业，中国互联网

---

① 此处 2G、4G、5G 中的 G 是 Generation 的缩写，分别指第二代、第四代及第五代移动通信技术，是互联网络传输速度的重要标志。

② BATJ 是百度、阿里巴巴、腾讯、京东四家互联网平台企业的缩写。

发展也逐渐由 PC 桌面互联网时代进入移动互联网时代。随着以高速光纤为支撑的家庭宽带接入技术的普及，中国全面进入互联网社会。

互联网的广泛应用深刻地影响了中国经济社会各行各业的发展和人们的生产和生活方式，改变了人们的工作方式和消费习惯，催生了各种新的商业模式，推动了我国以电子商务、移动支付、智能交通、智慧物流为代表的数字经济和共享经济的发展。2020 年全球新冠肺炎疫情暴发以来，基于互联网的居家办公及"宅经济"逐渐成为人们工作和消费的新模式。从宏观的生产方面来看，互联网发展会推动经济增长。根据蔡跃洲和张钧南（2015）的研究，互联网对经济增长的影响主要通过以互联网为代表的信息技术对其他行业的替代效应和渗透效应实现，而互联网应用所带来的技术进步、结构优化、资源配置及规模经济效应不仅影响城市经济增长，也会影响城市的能源消耗与污染排放，从而影响城市绿色全要素生产率。从微观角度看，互联网应用使人们的工作和生活方式发生改变，居家办公和无纸化办公越来越普遍，有利于减少人们的出行需求，降低资源和能源的消耗。而经济发展水平的提高使人们的环保意识不断增强，有利于人们形成绿色低碳的生活方式，从而降低能耗和污染，促进绿色全要素生产率的提高。那么，互联网发展对中国绿色全要素生产率的影响效应有多大？这种影响效应在不同地区是否存在差异？在互联网发展的不同时期这种影响效应有何不同？

为了解决以上问题，本章将利用中国城市层面的相关数据，通过构建静态和动态面板模型，实证检验互联网发展对绿色全要素生产率的影响。本章内容包括：（1）全国层面互联网发展对绿色全要素生产率及其分解的影响效应；（2）基于不同地区、不同时段的互联网发展对绿色全要素生产率及其分解的影响效应比较；（3）互联网发展影响绿色全要素生产率的稳健性检验。

5.2　模型设定与变量选取

5.2.1　模型设定

1. 静态面板模型

为了实证分析互联网发展对绿色全要素生产率及其分解项的影响，首先构建静态面板模型（5-1）至模型（5-3）：

$$GTFP_{it} = \alpha_0 + \alpha_1 INT_{it} + \gamma X_{it} + \mu_i + \varepsilon_{it} \qquad (5-1)$$

$$GTC_{it} = \alpha_0 + \alpha_1 INT_{it} + \gamma X_{it} + \mu_i + \varepsilon_{it} \qquad (5-2)$$

$$GEC_{it} = \alpha_0 + \alpha_1 INT_{it} + \gamma X_{it} + \mu_i + \varepsilon_{it} \qquad (5-3)$$

其中，i 表示城市，t 表示年份。$GTFP_{it}$、GTC_{it}、GEC_{it} 分别表示第 i 个城市第 t 年的绿色全要素生产率、绿色技术进步及绿色效率变化，INT 表示互联网发展综合指数，X 代表所有的控制变量，μ 表示个体效应，ε 为随机扰动项。

2. 动态面板模型

模型（5-1）至模型（5-3）给出了互联网发展对绿色全要素生产率及其分解项的影响，但是仅考虑了当期影响，未考虑互联网发展对绿色全要素生产率的动态影响效应，即上一期绿色全要素生产率对当期绿色全要素生产率的影响。考虑到城市绿色全要素生产率是一个动态累积过程，其形成具有一定的惯性，因此，仅考虑当期互联网发展对绿色全要素生产率的影响可能并不符合实际。同时，静态面板模型有可能存在变量的内生性问题，影响参数估计的准确性，为了解决静态面板存在的内生性问题，在静态面板模型的解释变量中加入绿色全要素生产率及其分解项的滞后一期作为解释变量，从而得到动态面板模型（5-4）~ 模型（5-6）：

$$GTFP_{it} = GTFP_{i,t-1} + \beta_1 INT_{it} + \kappa X_{it} + \mu_i + \varepsilon_{it} \qquad (5-4)$$

$$GTC_{it} = GTC_{i,t-1} + \beta_1 INT_{it} + \kappa X_{it} + \mu_i + \varepsilon_{it} \qquad (5-5)$$

$$GEC_{it} = GEC_{i,t-1} + \beta_1 INT_{it} + \kappa X_{it} + \mu_i + \varepsilon_{it} \qquad (5-6)$$

以上模型中，$GTFP_{i,t-1}$、$GTC_{i,t-1}$、$GEC_{i,t-1}$ 分别表示第 i 个城市第 $t-1$ 年的绿色全要素生产率及其分解，其余变量与模型（5-1）~ 模型（5-3）相同。

5.2.2　变量选取

1. 被解释变量

被解释变量包括城市绿色全要素生产率、绿色技术进步和绿色技术效率。城市绿色全要素生产率（$GTFP$）及其分解绿色技术进步（GTC）与绿色效率变化（GEC）按照第 4 章介绍的办法，根据 SBM-DEA 模型测算的绿色全要素生产率指数（GML）及其分解，假设基期（2003 年）的值为 1，通过逐年累乘的方式获得。

2. 解释变量

解释变量为互联网发展，采用第 4 章测算的城市互联网发展综合指数作为代理变量。

3. 控制变量

绿色全要素生产率受经济、能源和环境的共同影响，根据第 3 章的理论分析，结合数据的可得性，选取经济发展水平、产业结构、外商投资水平、环境规制、研发投入、市场化程度、政府规模七个变量作为控制变量。各变量定义如下。

（1）经济发展水平（JJFZ）。经济发展水平不仅是城市技术进步的主要推动力量，同时也在很大程度上决定了人们的收入水平，进而影响人们的环保意识，可见经济发展水平是影响城市绿色全要素生产率的重要因素。本书利用各城市人均实际 GDP 作为衡量地区经济发展水平的代理变量，按照城市所在省份的地区生产总值指数①统一折算为以 2000 年为基期的不变价人均实际 GDP。

（2）产业结构（CYJG）。遵循大多数学者的做法，采用工业总产值占 GDP 的比重衡量地区产业结构。由于工业是能源消耗和污染排放的主要部门，可以预期增加工业比重将降低城市绿色全要素生产率。

（3）外商投资水平（FDI）。以当年实际使用外资金额与当年人民币兑美元平均汇率的乘积除以地区 GDP 表示外商投资水平。外商投资对区域经济产生两种效应：一是外商投资带来的先进管理模式对国内企业会产生技术溢出；二是外资的进入通过加剧国内市场竞争产生竞争效应，推动国内企业加大技术创新力度。以上两种效应都有利于促进城市绿色全要素生产率的提高。另一方面，在各地竞争追求 GDP 的背景下，为了吸引外资进入，会竞相降低环保要求，"逐底竞争"导致大量高能耗高排放的污染产业进入，从而抑制城市绿色全要素生产率的提高。因此，从总体上看，外商投资对绿色全要素生产率的影响具有不确定性。

（4）环境规制（HJGZ）。环境规制也是影响城市绿色全要素生产率的重要因素，一般来说，环境规制可能对绿色全要素生产率产生两种效应。一是"遵循成本"导致的企业环境治理成本增加，使企业创新投入下降，

---

① 各省份的地区生产总值指数来自历年的《中国统计年鉴》。

从而对绿色全要素生产率产生不利影响；二是根据"波特假说"，环境规制可能通过"创新补偿"效应降低企业生产成本，增强产品的市场竞争力，因此有利于提高绿色全要素生产率。可见，环境规制对绿色全要素生产率的影响也具有不确定性。本书参考李虹和邹庆（2018）的方法，采用综合指数法测度环境规制水平，即将城市工业烟粉尘处理率、二氧化硫去除率、工业固体废物综合利用率、生活垃圾无害化处理率以及污水处理厂集中处理率五个指标采用熵值法折算为环境规制综合指数。该指数越高，意味着政府对环境的治理力度越大。

（5）研发投入（YFTR）。研发投入是城市技术创新的基础，一般来说，研发投入水平越高，企业技术进步越快，越有利于提高绿色全要素生产率。因此，可以预期研发投入与绿色全要素生产率正相关。此处采用城市教育科技投入占 GDP 的比重衡量研发投入水平。

（6）市场化程度（SCH）。市场化程度反映了城市经济发展的活力，市场化程度越高，越有利于要素的合理流动和资源的有效配置，从而提高全要素生产率。参考肖攀等（2013）的做法，采用城镇私营和个体从业人员占总就业人数的比重表示市场化程度。

（7）政府规模（ZFGM）。采用政府财政支出占 GDP 的比重来衡量。政府规模对绿色全要素生产率的影响具有不确定性。一方面，政府规模的扩大有助于完善基础设施，改善投资环境，增加教育科研投入，吸引更多优秀人才，因此有利于提高绿色全要素生产率；另一方面，过大的政府规模也可能导致政府对市场的过度干预，影响市场经济运行，不利于资源的优化配置，影响生产率的提高。

由于控制变量中部分城市数据缺失，在第 4 章测算互联网发展水平和绿色全要素生产率的 282 个样本城市基础上，将控制变量数据缺失的样本予以删除，包括朔州、鄂尔多斯、白山、松原、鹤岗、黄山、防城港、贵港、海口、三亚、安阳、巴中、临沧、嘉峪关、金昌、白银、天水、张掖、武威、定西、平凉、庆阳、西宁、石嘴山、吴忠、固原、克拉玛依 27 个城市。对于少数城市个别年份数据缺失的情况，采用插值法予以补充，因此进行实证分析选取的样本城市为 255 个，后续的实证分析中样本城市如无特殊说明，都是以 255 个地级以上城市为准。而研究时间范围为 2003～2016 年，主要基于两方面考虑。一是数据可得性，测算各城市互联网发展水平的主要指标如互联网普及率以及城市污染排放数据都是从

2003 年才开始出现在《中国城市统计年鉴》中，同时测算绿色全要素生产率的城市固定资产投资指标截止到 2016 年，从 2017 年开始在《中国城市统计年鉴》中已不再出现固定资产投资数据。二是受 2003 年"非典"疫情影响，一些大型的电子商务企业，如阿里巴巴、腾讯、京东、百度等在此期间陆续产生和发展起来，同时伴随着智能终端设备的普及，互联网信息技术与通信技术加速融合，互联网在我国经济社会中的应用不断增加，影响日益加深。因此，选择 2003 年作为起始年份研究互联网发展对绿色全要素生产率的影响符合我国实际，具有较强的现实意义。

　　所有数据均来源于《中国统计年鉴》《中国城市统计年鉴》、EPS 数据库及各省市统计年鉴和统计公报等。为了降低模型的异方差对参数估计的影响，所有变量都取自然对数。根据以上变量设定得到变量的描述性统计（见表 5 - 1）。

表 5 - 1　　　　　　　　　　　　变量说明及描述性统计

变量类型	变量符号	变量名称	测算方法	样本量	平均值	标准差	最小值	最大值
被解释变量	GTFP	绿色全要素生产率	利用 SBM-DEA 法测算出 GTFP 指数 GML 及其分解，再令基期值为 1，采用累乘办法得到各年的 GTFP、GTC、GEC	3570	1.007	0.072	0.709	1.880
	GTC	绿色技术进步		3570	1.001	0.077	0.573	1.627
	GEC	绿色技术效率		3570	1.011	0.106	0.648	1.817
解释变量	INT	互联网发展水平	熵值法算出综合指数	3570	0.092	0.091	0.012	1.061
控制变量	JJFZ	经济发展水平	人均实际 GDP（万元）	3570	3.285	2.785	0.099	46.770
	FDI	外商投资	实际利用外资/GDP（%）	3570	2.712	2.137	0	20.113
	HJGZ	环境规制	熵值法计算出综合指数	3570	0.717	0.147	0.149	0.988
	CYJG	产业结构	第二产业产值占 GDP 比重（%）	3570	48.991	10.212	14.951	85.923
	YFTR	研发投入	教育科技投入占 GDP 比重（%）	3570	3	1	0	11.218
	SCH	市场化度	城镇私营和个体从业人员占总就业人数比重（%）	3570	44.328	13.956	3	86.776
	ZFGM	政府规模	政府财政支出占 GDP 的比重（%）	3570	14.773	7	3	48.515

5.3　实证结果与分析

5.3.1　变量的相关性及平稳性检验

在实证分析之前，为了避免变量的共线性导致的估计偏差，首先计算解释变量的相关系数和方差膨胀因子，结果见表 5 - 2。

表 5 - 2　　　　　　　　　　变量相关系数与方差膨胀因子

变量	INT	JJFZ	FDI	CYJG	HJGZ	SCH	YFTR	ZFGM	VIF
INT	1								1.951
JJFZ	0.591 ***	1							3.482
FDI	0.278 ***	0.289 ***	1						1.237
CYJG	0.025	0.390 ***	0.138 ***	1					1.473
HJGZ	0.268 ***	0.652 ***	0.220 ***	0.254 ***	1				2.013
SCH	0.169 ***	0.234 ***	0.133 ***	- 0.042 **	0.201 ***	1			1.145
YFTR	- 0.191 ***	- 0.092 ***	- 0.312 ***	- 0.268 ***	0.077 ***	0.146 ***	1		3.722
ZFGM	- 0.143 ***	- 0.019	- 0.270 ***	- 0.247 ***	0.053 ***	0.182 ***	0.540 ***	1	3.616

注：＊ 、＊＊ 、＊＊＊ 分别表示在 10% 、5% 、1% 的水平上显著。

由表 5 - 2 可知，各变量的相关系数均在 0.6 以下，方差膨胀因子 VIF 最大为 3.722，低于 10，说明解释变量之间不存在严重的多重共线性，可以进行下一步的回归分析。

同时，为了避免面板数据模型参数估计的"伪回归"，对所有变量进行平稳性检验。与第 4 章类似，此处同样采用 LLC 检验、IPS 检验及 Fisher-ADF 检验三种单位根检验方法，三种检验的原假设均为存在单位根，检验结果见表 5 - 3。

表 5 – 3　　　　　　　　　　　单位根检验结果

变量	LLC 检验		IPS 检验		Fisher-ADF		结论
	统计量值	P 值	统计量值	P 值	统计量值	P 值	
GTFP	– 13. 4379	0. 0000	– 5. 3105	0. 0000	11. 1589	0. 0000	平稳
GTC	– 19. 5070	0. 0000	– 11. 6439	0. 0000	23. 7127	0. 0000	平稳
GEC	– 22. 9099	0. 0000	– 8. 7469	0. 0000	15. 1722	0. 0000	平稳
INT	– 13. 0258	0. 0000	– 6. 8484	0. 0000	8. 4735	0. 0000	平稳
JJFZ	– 18. 4715	0. 0000	– 13. 0867	0. 0000	23. 6797	0. 0000	平稳
CYJG	– 15. 5793	0. 0000	– 2. 9270	0. 0017	18. 4317	0. 0000	平稳
FDI	– 26. 3084	0. 0000	– 12. 2537	0. 0000	22. 7091	0. 0000	平稳
HJGZ	– 17. 3965	0. 0000	– 11. 1871	0. 0000	18. 9764	0. 0000	平稳
SCH	– 11. 8952	0. 0000	– 9. 174	0. 0000	18. 8987	0. 0000	平稳
YFTR	– 9. 3786	0. 0000	– 3. 3275	0. 0004	26. 6645	0. 0000	平稳
ZFGM	– 8. 2785	0. 0000	– 3. 9048	0. 0000	9. 7217	0. 0000	平稳

由表 5 – 3 可知，在三种检验方式下，所有变量均通过了平稳性检验，说明可以进行下一步的回归分析。

5.3.2　基准回归

静态面板模型的估计方法主要包括混合效应模型（OLS）、固定效应模型（FE）和随机效应模型（RE）三种方法，为了找到适当的估计方法，首先在 FE 和 RE 之间进行选择，采用豪斯曼检验的 P 值为 0.0001，拒绝 "采用 RE 更好" 的原假设，说明应当采用 FE 进行估计；而在 FE 和 OLS 之间，针对原假设 "H_0：所有的 $\mu_i = 0$" 的 F 检验 P 值为 0.0000，拒绝原假设，说明 FE 优于 RE。因此，在静态面板模型（5 – 1）至模型（5 – 3）的回归中以固定效应模型（FE）为准，作为对照，同时列出混合效应回归（OLS）结果。而对动态面板模型（5 – 4）至模型（5 – 6）则采用一阶差分广义矩估计（DIF-GMM）及系统广义矩估计（SYS-GMM）进行估计。

静态和动态面板模型回归结果分别见表 5 – 4 和表 5 – 5。

表 5 - 4　　　　　　　　　　　　　静态面板模型回归结果

变量	模型 1 GTFP FE	模型 2 GTC FE	模型 3 GEC FE	模型 4 GTFP OLS	模型 5 GTC OLS	模型 6 GEC OLS
INT	0.0125 *** (3.4935)	0.0161 *** (5.3073)	− 0.0054 (− 0.9894)	0.0079 *** (− 4.3959)	0.0161 *** (8.7361)	− 0.0037 (− 1.3208)
JJFZ	0.0076 *** (2.927)	− 0.0145 *** (− 3.2762)	0.0236 *** (4.7826)	0.0012 (0.8966)	− 0.0011 (− 0.8540)	− 0.0048 ** (− 2.2757)
CYJG	− 0.0332 *** (− 3.2955)	0.0294 ** (2.2425)	− 0.0502 *** (− 2.6799)	0.0037 (0.8624)	0.0277 *** (6.2184)	0.0014 (0.2012)
FDI	0.0008 (0.6283)	− 0.0033 ** (− 2.5007)	0.0032 (1.4381)	− 0.0014 * (− 1.7714)	− 0.0002 (− 0.2518)	− 0.0020 * (− 1.6459)
HJGZ	0.0441 *** (5.9612)	− 0.0132 * (− 1.9198)	0.0521 *** (4.5483)	0.0542 *** (12.9892)	0.0017 (0.4096)	0.0491 *** (7.5477)
SCH	0.0257 *** (5.3177)	0.0113 ** (2.3017)	0.0178 * (1.8676)	0.0133 *** (4.8331)	0.0100 *** (3.5214)	0.0015 (0.3505)
YFTR	0.0317 *** (5.5623)	0.0129 ** (2.5236)	0.0204 ** (2.3799)	0.0247 *** (6.8961)	0.0244 *** (6.5719)	0.0072 (1.2773)
ZFGM	− 0.0119 * (− 1.8742)	− 0.0101 (− 1.5040)	0.0003 (0.0254)	− 0.0194 *** (− 5.2547)	− 0.0387 *** (− 10.1595)	0.0148 ** (2.5725)
常数项	0.2310 *** (4.6282)	0.0754 (1.4335)	0.0979 (1.2060)	0.0759 *** (3.7317)	− 0.0367 * (− 1.7648)	0.1007 *** (3.1707)
个体效应	控制	控制	控制	控制	控制	控制
N	3110	3099	3101	3110	3099	3101
R²	0.28	0.05	0.138	0.121	0.092	0.052

注：括号内为 t 值，* 、** 、*** 分别表示在 10%、5%、1% 水平上显著。

　　表 5 - 4 为分别采用固定效应模型 FE 及普通最小二乘法 OLS 对静态面板模型中模型（5 - 1）至模型（5 - 3）的估计结果，其中模型 1 至模型 3 为采用 FE 方法的回归结果，模型 4 至模型 6 为采用 OLS 的回归结果。根据模型 1 和模型 4 可知，互联网发展对城市绿色全要素生产率具有显著的正向促进作用，并且在 1% 的水平上显著；这一结论同时也从城市层面证明了

"索洛悖论"[①] 在中国不成立。再看互联网发展对绿色全要素生产率分解项的影响，根据模型 2 和模型 5，互联网发展显著促进了城市绿色技术进步，同样在 1% 的水平上显著；而根据模型 3 和模型 6，发现互联网发展对绿色效率变化有负向影响，但并不显著。可见，互联网发展对绿色全要素生产率的促进作用主要通过提高城市的绿色技术进步水平实现。以上研究结果与郭家堂和骆品亮（2016）基于 2002~2014 年的省级面板数据所做的关于互联网对中国全要素生产率的影响研究结论一致。

考虑到固定效应模型回归控制了个体效应，能够缓解由于遗漏变量带来的内生性问题，因此，下面以 FE 回归结果为例，具体分析互联网发展及各控制变量对绿色全要素生产率及其分解项的影响。首先，根据模型 1、模型 2、模型 3，互联网发展水平（INT）对绿色全要素生产率（GTFP）和绿色技术进步（GTC）的影响系数分别为 0.0125、0.0161，在 1% 的水平上显著，对绿色技术效率（GEC）的影响系数为 −0.0054，并不显著。其次，对于控制变量而言，根据模型 1，经济发展水平（JJFZ）对 GTFP 有正向影响，其影响系数为 0.0076，并且在 1% 的水平上显著；而由模型 2 与模型 3 可知，经济发展水平对绿色技术进步和绿色技术效率的影响系数分别为 −0.0145 和 0.0236，并且都在 1% 的水平上显著。可见，经济发展对绿色技术进步具有正向影响，而对绿色技术效率则有负向影响。经济发展对绿色全要素生产率的正向影响主要是通过促进绿色技术进步实现，这就进一步说明了我国经济发展虽然提高了绿色技术进步，但存在资源能源不能充分利用的问题，不利于我国绿色全要素生产率的提高。

产业结构（CYJG）表示第二产业增加值占 GDP 的比重。根据回归结果，CYJG 对 GTFP、GTC、GEC 的影响系数分别为 −0.0332、0.0294 及 −0.0502，分别在 1%、5%、1% 的水平上显著。可见，产业结构虽然在一定程度上改善了绿色技术进步，但降低了绿色技术效率，最终导致产业结构对中国绿色全要素生产率产生显著负向影响，这一结果也在一定程度上说明了我国工业的能源资源消耗较大，资源配置效率有待提高。

外商投资水平（FDI）对 GTFP 和 GEC 有正向作用，但不显著，而 FDI 对 GTC 有显著负向影响说明外商投资降低了我国绿色技术进步。这一结果

[①] "索洛悖论"由诺贝尔经济学家索洛（Robert Solow）在 1987 年提出，认为"计算机的作用无处不在，但是却无助于生产率的提高"。

反映出我国引进外资并未促进绿色技术进步，引进的产业主要为技术比较落后的污染型产业，外商投资在我国存在"污染避难所"情况。

环境规制（*HJGZ*）显著促进了 *GTFP* 和 *GEC*，但抑制了 *GTC*，说明我国环境规制措施收到了预期效果，但是抑制了绿色技术进步，在一定程度上反映出我国环境规制以命令控制型为主，重视对污染排放的末端治理。虽然环境规制降低了污染排放水平，提高了企业资源配置效率，但并未充分调动企业绿色技术创新的积极性。企业由于受"遵循成本"的影响不得不减少研发投入和环保支出，制约了企业的绿色技术进步，而环境规制对绿色技术效率产生的正向促进作用是企业改善组织管理、完善相关规章制度以及提高能源使用效率的结果。

市场化程度（*SCH*）及研发投入（*YFTR*）均显著提高了 *GTFP*、*GTC* 和 *GEC*，说明我国通过推进市场化进程、加快民营经济发展与增加研发投入取得了良好效果，不仅推动了城市绿色技术进步，而且改善了城市绿色技术效率，提高了城市绿色全要素生产率。因此，为推动我国经济的高质量增长，今后应当继续加大市场化改革和研发投入力度。

政府规模（*ZFGM*）过大对 *GTFP* 有负向影响，在10%的水平上显著，可能的原因是政府财政支出仅关注一般性的技术创新，未增加与绿色技术进步相关的清洁生产技术的投入和支持力度，从而对绿色全要素生产率产生负向影响。

动态面板模型的估计方法包括差分广义矩估计法（DIFF-GMM）和系统广义矩估计法（SYS-GMM）两种，作为对照，同时检验结果的稳健性，本书同时列出了差分 GMM 和系统 GMM 的回归结果。表 5－5 为动态面板模型回归结果，其中模型 7、模型 9、模型 11 为采用差分 GMM 估计的结果，而模型 8、模型 10、模型 12 为采用系统 GMM 估计的结果。差分 GMM 容易受弱工具变量影响，而系统 GMM 同时使用水平值和差分变量的滞后值作为工具变量，扩大了工具变量的范围，比差分 GMM 具有更好的有限样本性质（Arellano & Bover，1995；Blundell & Bond，1998）；与 DIFF-GMM 相比，SYS-GMM 具有估计效率高、变量系数不随时间变化的优点①，因此，本书主要根据 SYS-GMM 回归结果进行分析。

---

①　陈强编著 . 高级计量经济学及 Stata 应用（第二版）［M］. 北京：高等教育出版社，2014：291.

表 5 - 5   动态面板模型回归结果

变量	模型 7	模型 8	模型 9	模型 10	模型 11	模型 12
	GTFP	GTFP	GTC	GTC	GEC	GEC
	DIFF-GMM	SYS-GMM	DIFF-GMM	SYS-GMM	DIFF-GMM	SYS-GMM
l. GTFP	0.9929 *** (9.1264)	0.8930 *** (11.9219)				
l. GTC			0.5136 *** (3.6716)	0.5342 *** (7.1915)		
l. GEC					0.7181 *** (7.5218)	0.7903 *** (17.3361)
INT	0.0134 ** (2.0872)	0.0252 *** (3.8838)	- 0.0220 ** (- 2.2781)	- 0.0239 *** (- 3.3001)	0.0171 ** (1.3768)	0.0541 *** (6.0667)
JJFZ	0.0108 *** (3.6753)	0.0005 (0.3935)	- 0.0138 ** (- 2.1359)	0.0015 (0.6456)	0.0244 *** (4.3846)	- 0.0065 ** (- 2.1314)
FDI	0.0016 (1.0981)	- 0.0017 ** (- 2.3222)	0.0004 (0.3073)	0.0019 ** (2.0392)	0.0015 (0.9449)	- 0.0022 (- 1.6207)
CYJG	- 0.0102 (- 1.1664)	0.0057 * (1.6932)	- 0.024 (- 1.4631)	- 0.0083 (- 0.9891)	- 0.0328 ** (- 2.3269)	0.0179 * (1.9281)
SCH	0.0315 *** (6.7676)	0.0114 *** (4.5844)	0.0225 * (1.8253)	0.0141 *** (3.1768)	0.0228 ** (2.2399)	- 0.0073 (- 1.3794)
HJGZ	0.0338 *** (4.0024)	0.0181 *** (3.4649)	- 0.0113 (- 1.1970)	0.0095 * (1.7079)	0.0458 *** (4.3450)	0.0175 ** (2.2037)
YFTR	0.0083 * (1.7922)	0.0094 *** (3.0623)	- 0.0023 (- 0.4857)	- 0.0038 (- 0.9726)	0.0061 (0.9845)	0.0144 *** (2.5787)
ZFGM	- 0.0088 (- 1.3606)	- 0.0044 (- 1.4519)	0.0086 (1.2345)	- 0.006 (- 1.2194)	0.0043 (0.4578)	0.0001 (0.0124)
Wald	435.36 ***	889.48 ***	96.56 ***	156.09 ***	410.05 ***	685.04 ***
AR(1)-p	0.001	0.012	0.007	0.003	0.005	0.031
AR(2)-p	0.114	0.148	0.994	0.881	0.869	0.935
Sargan-p	0.351	0.193	0.359	0.203	0.277	0.415
N	2528	2896	2528	2896	528	2896

注: 括号内为 t 值, *、**、*** 分别表示在 10%、5%、1% 水平上显著; AR(1)、AR(2) 分别为扰动项的一阶和二阶自相关检验 P 值, Sargan-p 表示用于工具变量有效性检验的 Sargan 检验 P 值。

表 5 - 5 中, 由模型 7 至模型 12 的回归结果可知, 各模型的 Wald 统计量都在 1% 的水平上显著, 说明解释变量的选择适当, 模型在总体上是显著

的。$AR(1)$ 的 *Arellano-Bond* 统计量检验的 P 值结果均小于 0.1，而 $AR(2)$ 检验统计量的 P 值都大于 0.1，说明扰动项的差分存在一阶自相关，但不存在二阶自相关，因此接受扰动项无自相关的原假设。*Sargan* 统计量的 P 值都在 0.1 以上，可以接受"所有工具变量都有效"的原假设，不存在过度识别，说明工具变量的选择在整体上是合理的。

由回归结果发现，不论是采用差分 GMM 还是系统 GMM 对模型（5－4）至模型（5－6）进行估计，*GTFP*、*GTC*、*GEC* 滞后一期的回归系数都在 1% 的水平上显著为正，说明 *GTFP* 及其分解 *GTC*、*GEC* 的值都具有很强的时间惯性，本期绿色全要素生产率受到上一期值的显著影响，具有很强的累积循环性。这也说明本书的实证方法采用动态面板模型估计比静态面板模型估计更加合理。

下面以系统 GMM 的估计结果为例，分析 *INT* 对 *GTFP* 及其分解 *GTC*、*GEC* 的影响。根据模型 8 可知，互联网发展对绿色全要素生产率的影响系数为 0.0252，在 1% 的水平上显著；根据模型 10 与模型 12 可知，互联网发展对绿色技术进步 *GTC* 和绿色技术效率 *GEC* 的影响系数分别为 －0.0239 和 0.0541，均在 1% 的水平上显著，说明互联网发展虽然改善了城市的绿色技术效率，但抑制了城市绿色技术进步。可见，互联网发展对绿色全要素生产率的促进作用主要通过改善绿色技术效率来实现，这一结果与肖利平（2018）基于省级面板数据研究"互联网＋"对我国装备制造业全要素生产率的影响所得结论一致。

下面根据 SYS-GMM 的回归结果（模型 8、模型 10、模型 12），讨论各控制变量对 *GTFP* 及其分解的影响。

（1）经济发展水平（*JJFZ*）对 *GTFP*、*GTC* 的影响系数分别为 0.0005、0.0015，但并不显著，而经济发展水平对 *GEC* 的影响系数为 －0.0065，在 5% 的水平上显著。可能的原因在于经济发展通过促进技术进步提高了绿色全要素生产率，同时，由于在粗放式经济发展模式下能源和资源的利用效率较低，导致资源配置效率下降，从而降低了绿色技术效率，导致总体上经济发展对绿色全要素生产率的影响并不显著。

（2）外商投资水平（*FDI*）对 *GTFP*、*GTC* 的影响系数分别为 －0.0017 和 0.0019，在 5% 的水平上显著，而 *FDI* 对 *GEC* 的影响系数为 －0.0022，但并不显著。可见，外商投资不利于我国绿色全要素生产率的提高。出现这一结果，可能的原因是外资引进带来了国外的先进技术和管理方法，对国内企业产生了技术溢出效应；同时跨国公司的进入加大了国内市场的竞争，产生了竞争效应，内资企业为了提高市场竞争力，必然不断加大技术创新力度。这种外资进入对内资企业的倒逼效应推动了我国绿色技术进步。此外，由于引进的外资大多数集中在一些高能耗、高污染行业，导致资源和能源的大量消耗，降低了绿色技术效率，从而在总体上导致了 *FDI* 对 *GT-FP* 产生负向影响。

（3）产业结构（*CYJG*）对 *GTFP* 和 *GEC* 的影响系数分别为 0.0057 和 0.0179，在 10% 的水平上显著，而 *CYJG* 对 *GTC* 的影响系数为 -0.0083，并不显著。可见，增加第二产业比重，在一定程度上促进了中国绿色全要素生产率的提高，改善了绿色技术效率，但并未促进绿色技术进步，这在某种程度上反映了增加第二产业比重能够推动我国技术进步，同时改善资源配置效率，有利于绿色技术效率的提高。但是，这种产业结构带来的技术进步从偏向性角度看，并非绿色技术进步，而是偏向于一般性的新产品开发，需要消耗大量的能源，导致产业结构对绿色技术进步产生负向影响。

（4）市场化程度（*SCH*）对 *GTFP* 和 *GTC* 的影响系数分别为 0.0114 和 0.0141，在 1% 的水平上显著，而 *SCH* 对 *GEC* 的影响系数为 -0.0073，但并不显著。市场化程度反映一个地区的要素流动和资源配置情况，是体现地区经济活力的重要指标，一般来说，民营企业的竞争压力比国有企业更大，因此有着更强的创新意识，地区的市场化程度越高，将有利于推动技术创新，从而促进绿色全要素生产率的提高。然而，民营经济可能对资源和环境的关注程度并不高，因此可能并不利于降低能源消耗和污染排放，导致市场化程度的提高对 *GEC* 产生负向影响。

（5）环境规制（*HJGZ*）是影响绿色全要素生产率及其分解的重要因素，根据回归结果，*HJGZ* 对 *GTFP*、*GTC* 及 *GEC* 的影响系数分别为 0.0181、0.0095 和 0.0175，分别在 1%、10% 和 5% 的水平上显著，说明环境治理政策对绿色全要素生产率具有显著的正向影响。可能的原因是，一方面环境规制通过制定企业排污标准、征收排污费等措施对企业排污产生倒逼效应，推动企业加大绿色技术研发投入、更新设备以及采用清洁生产技术，从而推动绿色技术进步；另一方面，在严格的环境治理政策下，为了降低环境成本，企业有动力从源头上降低能源消耗和污染排放，从而有利于改善绿色技术效率。本书的研究也印证了"波特效应"在我国是成立的。

（6）研发投入（*YFTR*）是企业技术创新的基础，根据回归结果，*YFTR* 对 *GTFP* 和 *GEC* 的影响系数分别为 0.0094 和 0.0144，均在 1% 的水平上显著，而 *YFTR* 对 *GTC* 的影响系数为 -0.0038，并不显著。这一结果反映了研发投入对绿色全要素生产率产生了显著的促进作用，但这一促进作用主要通过提高绿色技术效率实现，说明我国的研发投入改善了能源利用效率，降低了污染排放，但是对绿色技术进步的作用还不明显。

（7）政府规模（*ZFGM*）为政府财政支出占 GDP 的比重，是影响经济运行的重要因素。如果政府投资低效，政府规模过大并不利于经济效率的提高。根据回归结果，*ZFGM* 对 *GTFP*、*GTC*、*GEC* 的影响系数分别为 -0.0044、-0.006、0.0001，但均不显著，可见过大的政府规模不利于绿色全要素生产率的提高。

5.3.3　分地区分时段讨论

5.3.2 节基于全国 255 个地级以上城市，分别从静态和动态角度分析了互联网发展对绿色全要素生产率的影响效应，在静态面板模型中采用了 OLS 和 FE 进行估计，而在动态面板模型中则运用了 SYS-GMM 和 DIFF-GMM 进行估计，无论采用哪种估计方法，均得出互联网发展对绿色全要素生产率具有显著促进作用的结论。本书选择的研究样本城市为 255 个，覆盖了全国 87% 以上的地级城市，具有较强的代表性，因此结论具有一定的可靠性。然而，我国地域辽阔，各地区所处地理区位、经济发展水平、产业结构等各种要素禀赋条件差异很大，可能导致互联网发展对绿色全要素生产率的影响效应存在较大的差异，因此，本书接下来将样本城市按照东部、中部、西部地区分成三组，分别考虑互联网发展对绿色全要素生产率的影响。根据国家统计局 2017 年的划分办法，东部地区包括北京、河北、天津、上海、江苏、浙江、福建、辽宁、山东、广东、海南 11 个省份所属的地级以上城市，共 99 个；中部地区包括湖南、湖北、河南、江西、安徽、山西、吉林、黑龙江 8 个省份的地级以上城市，共 95 个；西部地区包括四川、重庆、云南、贵州、广西、甘肃、青海、宁夏、新疆、内蒙古、陕西 11 个省份的地级以上城市共 61 个。

进入 21 世纪以来，伴随着信息技术的快速发展和移动终端的普及，中国互联网发展日新月异，从最初的 PC 桌面互联网逐渐过渡到移动互联网，上网方式从拨号上网发展到高速光纤宽带上网。尤其是自 2009 年以来，随着智能移动终端设备和第三代移动通信技术 3G 网络的普及，互联网在我国经济社会各领域得到了越来越广泛的应用。互联网发展及应用与移动通信技术的发展密切相关，我国移动通信技术按照网络传输速度可以分为 2G、3G、4G 和 5G 四个阶段，3G 以前主要为语音和短信业务，移动互联网应用很少，互联网应用主要是 PC 端；而 5G 在我国的应用从 2019 年 11 月才开始，不在本书的研究时段范围，不需考虑。那么这种基于网络传输速度差异的互联网发展不同阶段对我国绿色全要素生产率的影响是否存在差异？考虑到我国 2009 年开始逐步普及 3G 网络，2014 年开始进入 4G 时代，为了研究不同阶段的互联网发展对绿色全要素生产率的影响，本书将研究时段2003～2016 年分为 2003～2008 年、2009～2013 年及 2014～2016 年三个阶段，分别讨论每一个阶段互联网发展对城市绿色全要素生产率的影响。由于本书主要关注互联网发展对绿色全要素生产率的影响，因此在回归中仅考虑 GTFP 作为被解释变量。在实证方法的选择上，根据基准回归的结果，对于静态面板模型（5－1），采用固定效应（FE）回归方法更合适，而对于动态效应模型（5－4），则采用系统广义矩估计法（SYS-GMM）更好。因此，此处分别采用 FE 及 SYS-GMM 方法估计静态面板模型（5－1）和动态面板模型（5－4），分地区分时段回归结果分别如表 5－6 与表 5－7所示。

1. 分地区回归结果分析

由表 5－6 可知，互联网发展对我国东部、中部、西部地区绿色全要素生产率的影响效应存在显著差异，根据 INT 对 GTFP 的影响系数，发现不论是静态面板模型还是动态面板模型，互联网发展对绿色全要素生产率的影响效应都呈"中部＞东部＞西部"的态势。具体而言，首先，对我国东部地区来说，无论是静态面板模型回归结果（模型 13），还是动态面板模型回归结果（模型 14），都显示出互联网发展对绿色全要素生产率都具有正向影响，在 1% 的水平上显著。其次，看中部地区的情况。根据模型 15 和模型16 可知，互联网发展对我国中部地区绿色全要素生产率也具有显著的正向影响，同样在 1% 的水平上显著。最后，再看西部地区。根据模型 17 的回归结果，互联网发展对绿色全要素生产率的影响虽然为正，但并不显著，而在模型 18 的动态面板系统广义矩估计（SYS-GMM）中，互联网发展对绿色全要素生产率的正向影响仅在10%的水平上显著。

表 5 - 6　　　　　　　分地区回归结果（被解释变量为 GTFP）

变量	东部地区		中部地区		西部地区	
	模型 13	模型 14	模型 15	模型 16	模型 17	模型 18
	FE	SYS-GMM	FE	SYS-GMM	FE	SYS-GMM
l. GTFP		0.7021 *** (4.0287)		0.8160 *** (9.9793)		0.9458 *** (5.3211)
INT	0.0088 *** (2.8207)	0.0355 *** (3.2241)	0.0215 *** (4.0779)	0.0372 *** (4.0158)	0.0054 (0.6205)	0.0258 * (1.8302)
JJFZ	0.0060 *** (2.9503)	0.0038 * (1.7761)	0.0102 ** (2.5258)	0.0105 ** (2.5395)	0.0049 (0.5529)	0.0145 ** (2.1979)
CYJG	− 0.0724 *** (− 4.9936)	− 0.0269 (− 1.3974)	− 0.0201 (− 1.5789)	0.0099 (0.8104)	− 0.0352 (− 1.3704)	0.0037 (0.1355)
FDI	0.003 (1.6246)	0.0002 (0.1619)	− 0.0004 (− 0.1638)	0.0034 * (1.8558)	0.001 (0.3870)	0.0066 * (1.7342)
HJGZ	0.0297 *** (3.0711)	0.0190 (1.5675)	0.0278 *** (2.9837)	0.016 (1.4887)	0.0763 *** (4.6799)	0.0541 ** (2.3140)
SCH	0.0217 *** (4.1660)	0.0276 *** (3.9380)	0.0227 *** (3.2816)	0.0301 *** (5.7579)	0.0375 *** (3.3270)	0.0354 *** (2.7065)
YFTR	0.0168 ** (2.4179)	0.0053 (0.8822)	0.0363 *** (3.6207)	0.0046 (0.5074)	0.0350 ** (2.5027)	0.0103 (0.9873)
ZFGM	0.0082 (1.0808)	− 0.0117 (− 1.2964)	− 0.0170 * (− 1.9137)	− 0.0192 ** (− 2.0143)	− 0.0159 (− 1.0750)	− 0.0129 (− 1.3433)
常数项	0.3756 *** (5.8534)		0.1775 ** (2.5528)		0.2769 * (1.8554)	
AR(1)-p		0.023		0.000		0.004
AR(2)-p		0.442		0.894		0.814
Sargan-p		0.331		0.644		0.576
N	1218	1017	1180	953	712	558
R²	0.408		0.316		0.246	

注：括号内为 t 值，* 、** 、*** 分别表示在10%、5%、1%水平上显著；AR(1)、AR(2) 分别为扰动项的一阶和二阶自相关检验 P 值，Sargan-p 表示用于工具变量有效性检验的 Sargan 检验 P 值。

可见，互联网发展对我国西部地区绿色全要素生产率的促进作用还不明显。出现这一情况的原因可能在于：一方面，由于西部地区的经济发展水平较低，物流业、金融业等相关配套服务业的发展滞后，以电子商务为代表的互联网经济对西部地区全要素生产率的促进作用还比较弱；另一方面，西部地区的信息化与工业化融合程度还不高，导致互联网在工业生产中的运用不充分，未能充分发挥互联网在促进地区绿色技术进步与效率提高方面的优势。此外，关于互联网发展对不同地区绿色全要素生产率影响效应的差异，比较静态面板回归结果（模型13和模型15）以及动态面板回归结果（模型14和模型16），可以发现互联网发展对中部地区绿色全要素生产率的影响均高于东部地区。这一结果从某种程度上反映了中部地区新型工业化取得了较好的效果，互联网发展有效地推动了中部地区传统产业的转型升级，促进了绿色技术进步，降低了能源消耗和污染排放。

再看各控制变量的情况，考虑到动态面板模型估计结果可以较好地解决模型的内生性问题，因此下面以模型14、模型16和模型18的系统广义矩估计结果为准，分析各控制变量对我国东部、中部、西部地区绿色全要素生产率的影响。

（1）经济发展水平对我国东部、中部、西部地区的绿色全要素生产率都有显著正向影响，并且根据回归系数可知，其影响效应大小为西部＞中部＞东部。可能的原因是西部地区由于经济发展基础薄弱，研发投入不足，人力资本缺乏，导致技术创新能力不强，对其绿色全要素生产率的提升产生了重要影响。提高经济发展水平，将会形成后发优势，有效缓解技术和人才缺乏问题，从而推动地区绿色全要素生产率的提高。东部地区经济发展已经达到一个比较高的水平，尽管通过提高经济发展水平仍然可以达到提升绿色全要素生产率的目的，但是提升效果与西部地区相比有所减弱。

（2）产业结构对中部和西部地区的绿色全要素生产率有正向影响，而对东部地区有负向影响，但均不显著。这说明东部地区大部分城市产业结构已经从制造业为主转为服务业占主导。服务业的发展有利于提升城市绿色全要素生产率，因此，增加工业比重不利于改善东部地区的绿色全要素生产率。中部、西部省份大部分处于工业化中后期，因此，产业结构对地区绿色全要素生产率的提升仍然有着促进作用。

（3）外商投资水平对中部和西部地区的绿色全要素生产率具有正向促

进作用，而对东部地区的正向影响效应较小且不显著。这一结果说明东部地区由于发展已经达到较高水平，资本的稀缺已经不是提升全要素生产率的主要因素，因此，外资对绿色全要素生产率的促进作用与中西部地区相比，重要性相对下降。外商投资对西部地区绿色全要素生产率的促进作用大于中部地区这一结论，也从某种程度上提供了加大中西部地区尤其是西部地区引进外资力度的政策启示。

（4）环境规制对东部和中部地区绿色全要素生产率具有正向影响，但并不显著，而对西部地区绿色全要素生产率有显著的正向促进作用。可能的原因是东部和中部地区经济发展水平较高，人们的环境保护意识较强，对污染的治理已经取得了一定的成效；同时由于产业结构不断优化升级，因此东部和中部地区环境污染程度与西部地区相比相对较轻，导致环境规制的效果不如西部地区明显。

（5）市场化程度对我国东部、中部、西部地区绿色全要素生产率均有正向促进作用，并且都在1%的水平上显著。说明大力发展民营经济、提高区域经济活力，有利于改善地区绿色全要素生产率。

（6）研发投入对我国东部、中部、西部地区绿色全要素生产率都有正向促进作用，但都不显著。可能的原因是研发投入一方面可以推动技术进步，从而提高全要素生产率，另一方面，也存在研发投入资金运用效率不高以及重研发、轻产品应用转化的问题，导致研发投入并未收到预期效果。此外，还有可能存在研发投入只关注高利润新产品的技术开发、对绿色技术创新重视不够的问题，这也会导致研发投入对绿色全要素生产率的影响不显著。

（7）政府规模过大对我国东部、中部、西部地区绿色全要素生产率都有负向影响，但是在东部及西部地区并不显著，这一结果与大多数学者的研究结论一致。其原因主要是政府财政支出的运用以提供公共服务以及实现政府的特殊职能为主，并不是以追求资金的使用效率为目标，因而可能产生投资的低效率；同时，政府资金的运用中可能产生寻租和腐败问题，也会影响资金的使用效率。因此，政府规模过大对绿色全要素生产率提升有不利影响，而中部地区的这种不利影响更为显著，说明中部地区的营商环境有待提高，政府投资效率较低的现象更加突出。

2. 分时段回归结果分析

由于互联网发展阶段不同，网络传输速度及互联网在经济社会中应用的广度和深度存在较大差异，因此，本书将研究时期（2003～2016 年）按照我国移动通信技术发展从 2G 到 4G 的不同阶段，分为 2003～2008 年、2009～2013 年及 2014～2016 年三个阶段。研究样本仍然为全国 255 个地级以上城市，同样对每个阶段分别采用静态及动态面板模型估计，结果见表 5－7。

表 5－7　　　　　　　　分时段回归结果（被解释变量为 GTFP）

变量	2003～2008 年		2009～2013 年		2014～2016 年	
	模型 19	模型 20	模型 21	模型 22	模型 23	模型 24
	FE	SYS-GMM	FE	SYS-GMM	FE	SYS-GMM
$l.\ GTFP$		0.7462 * (1.8691)		0.3357 ** (2.0082)		0.6161 * (1.8387)
INT	0.0051 (1.1057)	0.0218 (0.5114)	0.0047 * (1.8024)	0.0243 * (1.7540)	0.0167 *** (2.9487)	0.0392 *** (2.6935)
$JJFZ$	－0.0049 (－0.4888)	0.0064 (0.2183)	0.0090 *** (5.1902)	0.0089 *** (3.2362)	－0.0029 (－0.1589)	－0.0399 *** (－2.7358)
$CYJG$	－0.0417 *** (－2.6481)	0.032 －0.9354	－0.0523 *** (－3.2571)	－0.0128 (－0.9116)	－0.0985 *** (－3.6963)	－0.0028 (－0.1287)
FDI	0.0031 (1.3948)	0.0021 (0.7566)	－0.0027 * (－1.6789)	0.0027 (1.4469)	0.0036 ** (1.9808)	0.0001 (0.0267)
$HJGZ$	0.0228 ** (1.9899)	0.014 (1.2858)	0.0362 *** (5.1416)	0.0416 *** (3.2836)	0.0680 *** (3.5134)	0.0373 *** (2.9617)
SCH	0.0296 *** (5.8717)	0.0437 *** (5.2991)	0.0212 *** (4.5705)	0.0236 *** (4.0134)	0.0309 *** (2.7129)	0.0249 * (1.8482)
$YFTR$	0.0374 *** (4.9972)	0.0270 * (1.8338)	0.0128 ** (2.1515)	－0.0204 (－1.3700)	0.0288 *** (4.9432)	0.0241 *** (2.7670)
$ZFGM$	－0.0496 *** (－5.6608)	－0.0094 (－1.1371)	－0.0511 *** (－6.3219)	－0.0029 (－0.2716)	－0.0233 ** (－2.3955)	－0.0280 ** (－2.4056)
常数项	0.2941 *** (2.7534)		－0.0741 ** (－2.1592)		0.5853 *** (4.2169)	
$AR(1)$-p		0.0621		0.0095		0.0452
$AR(2)$-p		0.4228		0.6671		0.2092
$Sargan$-p		0.1091		0.2792		0.3553
N	1322	841	1150	1052	649	621
R^2	0.1091		0.1652		0.3347	0.3345

注：括号内为 t 值，*、**、***分别表示在 10%、5%、1% 水平上显著；$AR(1)$、$AR(2)$ 分别为扰动项的一阶和二阶自相关检验 P 值，$Sargan$-p 表示用于工具变量有效性检验的 Sargan 检验 P 值。

根据估计结果，发现以下结论。

（1）在 2003～2008 年时间段内，不论是模型 19 的静态面板 FE 回归结果，还是模型 20 的动态面板 SYS-GMM 回归结果，都显示互联网发展对绿色全要素生产率的影响为正，但并不显著。原因在于，在此期间我国互联网主要以 PC 桌面互联网为主，主要用于科研、教育、政府部门等领域，应用的人群大部分为科研人员或者机关工作人员，主要进行一些学术交流以及商务应用，应用人群范围较小，互联网发展对经济社会的影响有限，因而对城市 *GTFP* 没有明显的促进作用。

（2）在 2009～2013 年时间段内，根据模型 21 和模型 22 的回归结果，发现互联网发展对我国 GTFP 的提高有了显著的正向促进作用，在 10% 的水平上显著。可能的原因是我国移动通信发展从 2009 年开始进入 3G 时代，而家庭宽带在这一时期也快速发展，并且互联网传输速度有了快速提升，3G 移动网络支持图片和声音传输，使更多的应用得以实现。此外，2009 年苹果公司开始推出智能手机，之后智能手机不断普及，大大加快了移动互联网的应用；尤其是 2011 年微信的诞生以及移动支付的快速发展，推动了我国电子商务的高速发展，互联网逐渐成为人们工作生活不可或缺的一部分。互联网普及率的不断提高不仅促进了资源的优化配置，推动了技术进步，而且也深刻改变着人们的消费习惯，减少了人们出行需求，从而降低能源的消耗，提高了我国的绿色全要素生产率。

（3）在 2014～2016 年时间段内，根据模型 23 和模型 24 的回归结果，发现与 2009～2013 年这一时段相比，互联网发展对城市绿色全要素生产率的影响效应显著增加，静态和动态面板回归结果均在 1% 的显著性水平上高度显著。通过比较模型 21 与模型 23、模型 22 与模型 24 中互联网发展的影响系数可以看出，与 2009～2013 年相比，互联网发展对绿色全要素生产率的影响效应有了大幅提高。以 SYS-GMM 回归结果为例，互联网发展对绿色全要素生产率的影响系数由 0.0243 提高到 0.0392。原因在于我国从 2013 年底开始全面进入 4G 时代，互联网网速不断提高，互联网应用进一步拓展，互联网普及率不断提高。根据中国互联网络信息中心的统计，到 2016 年 12 月，我国网民规模达到 7.31 亿人，互联网普及率达到了 53.2%，超过全球平均水平 3.1 个百分点。可见我国在这一时期已成为世界互联网应用大国，互联网对我国经济社会的影响更加深远，互联网在经济社会领域的广泛应用优化了我国的资源配置，释放了社会消费潜力，促进了我国经济增长，提高了我国的全要素生产率。同时，2015 年以来"互联网＋"推动了传统产业的转型升级，降低了企业的交易成本，有利于提高城市绿色全要素生产率。

控制变量方面，以 SYS-GMM 回归结果为例，在 2003～2008 年时间段内，根据模型 20，只有市场化程度和研发投入对绿色全要素生产率有显著的正向促进作用，其余变量的影响都不显著；在 2009～2013 年时间段内，模型 22 显示，经济发展水平、环境规制和市场化程度均对绿色全要素生产率提升有显著的正向促进效应，且都在 1% 的水平上显著。在 2014～2016 年时间段内，根据模型 24，环境规制、市场化程度、研发投入对绿色全要素生产率有正向影响，而经济发展水平与政府规模对绿色全要素生产率有负向影响。

以上控制变量对绿色全要素生产率的影响与前面的分析类似，只有经济发展水平有些例外，下面对其进行分析。本书认为，可能的原因是我国从 2012 年进入经济新常态阶段，经济增长速度由原来的高速增长转为中高速增长，经济发展模式从原来的粗放型转为集约型，这就对企业的技术创新能力和区域产业结构提出了更高要求；而企业的技术进步以及产业结构的调整并不是短期能够实现，因此影响了我国全要素生产率的提高，导致这一阶段经济发展水平对我国绿色全要素生产率产生了负向影响。

5.4 稳健性检验

5.4.1 内生性分析

内生性问题是经济学研究中经常出现的问题，尤其是宏观经济问题研究。当模型存在内生性问题时会造成参数估计不一致的后果，从而使研究结论发生偏差，因此，在实证分析中必须认真对待并科学解决内生性问题。内生性的主要来源为测量误差、遗漏变量和双向因果（陈强，2014）。对本研究而言，所有变量的数据都来源于国家统计局权威数据以及 EPS 专业数据库，对于少数数据缺失的样本采取了删除或者用插值法予以补充，确保数据真实有效；同时，采用主成分分析法和 SBM-GML 指数测算城市互联网发展与绿色全要素生产率，能够确保测算结果的准确性。

　　而关于遗漏变量问题，首先，本书采用面板数据能够在一定程度上缓解遗漏变量问题；此外，在模型中选择了经济发展水平、产业结构、外商投资、环境规制等变量作为控制变量，采用固定效应模型对静态面板模型进行回归也可以有效缓解遗漏变量问题。可见，测量误差和遗漏变量造成的内生性问题对本书回归结果产生的影响很小，因此，本书的内生性问题主要来源于双向因果，理由在于：一方面互联网发展能够促进城市绿色全要素生产率的提升；另一方面，绿色全要素生产率高的地区往往经济发展较好，有利于提高互联网发展水平，因此二者之间很可能存在双向因果关系，而这一双向因果关系在第 4 章的格兰杰因果检验中得到了体现。

　　基准回归对互联网发展影响绿色全要素生产率分别采用了静态面板模型 FE 和动态效应模型 SYS-GMM 两种回归方法，考虑到 SYS-GMM 能够较好地解决内生性问题（左鹏飞等，2020），因此，本书仅对静态面板模型进行稳健性检验。

　　下面将采取两种办法处理模型的内生性问题。一是替换解释变量。采用互联网发展水平的滞后一期作为解释变量进行回归，原因是当期的绿色全要素生产率对互联网发展的滞后一期的影响基本不存在，如果滞后一期的互联网发展对当期绿色全要素生产率及其分解的影响与前面分析结论一致，说明在双向因果中互联网发展是主要原因。二是改变回归方法，采用能够较好处理内生性问题的面板工具变量法进行两阶段最小二乘回归（2SLS），参考巴罗和李（Barro and Lee，1994）、韩宝国和朱平方（2014）、郭家堂和骆品亮（2016）、叶初升和任兆柯（2018）、刘传明和马青山（2020）的做法，分别选择解释变量的滞后一期（IV_1）和地形起伏度（IV_2）作为互联网发展的工具变量进行回归。有效的工具变量必须满足外生性和相关性两个条件。互联网发展的滞后一期与当期互联网发展之间显然具有相关性，而滞后一期的互联网发展对模型当期扰动项来说具有外生性，因此，互联网发展的滞后一期符合有效工具变量的两个条件。同理，地形起伏度不仅影响网络基础设施的建设成本，而且影响互联网使用质量，因此地形起伏度与互联网发展具有相关性。一般来说，地形起伏度作为一种自然地理因素，对地区绿色全要素生产率不会产生直接影响，因此满足外生性要求。

5.4.2 稳健性检验 I：替换解释变量

表5-8为采用互联网发展的滞后一期作为核心解释变量的稳健性检验结果。由于当期的绿色全要素生产率不能影响前一期的互联网发展水平，因此表5-8能够有效解决双向因果导致的内生性问题。对照表5-4、表5-6中固定效应回归（FE）结果，无论是全国还是东部、中部、西部地区，核心解释变量互联网发展水平的系数估计值大小、符号以及显著性均未发生明显变化，而控制变量的估计结果也基本一致，说明前面的回归结果是稳健的。值得一提的是，根据表5-8的回归结果，在全样本中，互联网发展主要通过改善绿色技术效率提高城市绿色全要素生产率，这一结论与表5-5的动态面板回归结果保持一致，但与表5-4静态面板回归结果并不一致。这是由于互联网发展与绿色全要素生产率之间存在双向因果，导致互联网发展对绿色技术进步和绿色技术效率的影响系数发生了变化。

表5-8　　　　　　　　　　稳健性检验 I：替换解释变量

变量	全国			东部	中部	西部
	模型25	模型26	模型27	模型28	模型29	模型30
	GTFP	GTC	GEC	GTFP	GTFP	GTFP
l. INT	0.0118 ***	0.0019	0.0112 **	0.0111 ***	0.0209 ***	0.0017
	(3.2073)	(0.6278)	(2.2377)	(3.8371)	(3.3244)	(0.2138)
JJFZ	0.0081 ***	−0.0129 ***	0.0221 ***	0.0053 ***	0.0107 **	0.0075
	(3.1968)	(−2.9196)	(4.4818)	(2.9705)	(2.5836)	(0.8155)
CYJG	−0.0292 ***	0.0249 *	−0.0382 *	−0.0619 ***	−0.0177	−0.038
	(−2.7874)	(1.7106)	(−1.9444)	(−4.2492)	(−1.2629)	(−1.4106)
FDI	0.0006	−0.0031 *	0.0024	0.0021	0.0002	0.0006
	(0.4454)	(−1.9665)	(0.9664)	(1.0563)	(0.0589)	(0.2285)
HJGZ	0.0530 ***	−0.0112	0.0563 ***	0.0354 ***	0.0305 ***	0.0922 ***
	(6.2416)	(−1.3955)	(4.3833)	(3.2662)	(2.9975)	(4.6381)
SCH	0.0260 ***	0.0116 **	0.0198 **	0.0211 ***	0.0245 ***	0.0371 ***
	(5.1652)	(2.2542)	(2.0436)	(3.8151)	(3.2634)	(3.1284)

续表

变量	全国			东部	中部	西部
	模型 25	模型 26	模型 27	模型 28	模型 29	模型 30
	GTFP	*GTC*	*GEC*	*GTFP*	*GTFP*	*GTFP*
YFTR	0.0306 *** (5.5034)	0.0167 *** (3.3174)	0.0153 * (1.8364)	0.0138 ** (2.2368)	0.0377 *** (3.4595)	0.0346 ** (2.6200)
ZFGM	−0.0053 (−0.7951)	−0.0074 (−1.0975)	0.0038 (0.3427)	0.0136 * (1.8593)	−0.0082 (−0.7914)	−0.0127 (−0.8459)
常数项	0.2195 *** (4.3083)	0.0624 (1.0974)	0.0946 (1.1291)	0.3436 *** (5.7074)	0.1877 ** (2.4525)	0.2619 * (1.7027)
N	2896	2896	2896	1151	1096	657
R²	0.3147	0.0325	0.1493	0.4512	0.3592	0.2805

注：括号内为 t 值，*、**、*** 分别表示在 10%、5%、1% 水平上显著；$AR(1)$、$AR(2)$ 分别为扰动项的一阶和二阶自相关检验 P 值，*Sargan-p* 表示用于工具变量有效性检验的 Sargan 检验 P 值。

5.4.3　稳健性检验 II：工具变量法

为了进一步消除双向因果导致的模型内生性问题，对静态面板模型采用面板工具变量两阶段最小二乘法（2SLS）进行回归，分别选择互联网发展的滞后一期和城市地形起伏度①作为工具变量，回归结果如表 5−9 所示。根据第一阶段回归结果，发现两个工具变量都对互联网发展（*INT*）具有显著正向影响。为了验证工具变量的有效性，分别从识别不足、弱工具变量和过度识别三个方面进行检验。

首先，表 5−9 中 *Kleibergen-Paap rk LM* 统计量的 P 值都为 0.0000，因此拒绝了工具变量无法识别的原假设；其次，*Cragg-Donald Wald F* 统计量的 6 个检验值均大于在 10% 水平上弱工具变量检验的临界值，拒绝了弱工具变量的原假设，说明不存在弱工具变量问题；最后，进行工具变量的外生性检验，表 5−9 中 6 个 *Sargan-Hansen* 统计量的 P 值都大于 0.1，说明工具变量满足外生性条件。以上检验结果表明本书所选的两个工具变量是有效的。

再看第二阶段回归结果，根据模型 31 和模型 34，可见互联网发展对绿

---

① 由于城市地形起伏度为截面数据，与面板数据不匹配，因此，本书将地形起伏度与年度虚拟变量的交互项作为互联网发展的工具变量。

色全要素生产率具有显著的正向促进作用；再根据模型33与模型36，发现互联网发展对绿色技术效率也有正向影响，同样在1%的水平上显著，而根据模型32与模型35可知，互联网发展对绿色技术进步没有显著影响。因此，可以得出互联网发展是通过改善城市绿色技术效率来提高绿色全要素生产率的，工具变量回归结论与表5-5的动态面板回归结果保持一致，也与前面采用互联网发展滞后一期作为核心解释变量的回归结果一致，说明本书实证结论是稳健的。

表5-9　　　　　　　　稳健性检验Ⅱ：工具变量法（2SLS）

变量	第二阶段					
	IV_1（以滞后一期解释变量为工具变量）			IV_2（以地形起伏度为工具变量）		
	模型31	模型32	模型33	模型34	模型35	模型36
	GTFP	GTC	GEC	GTFP	GTC	GEC
INT	0.0365 *** (4.6774)	0.0062 (0.7476)	0.0341 *** (2.7005)	0.0720 *** (2.8510)	−0.0482 (−1.5448)	0.1308 *** (3.2237)
控制变量	控制	控制	控制	控制	控制	控制
变量	第一阶段					
	IV_1（以滞后一期解释变量为工具变量）			IV_2（以地形起伏度为工具变量）		
	模型31	模型32	模型33	模型34	模型35	模型36
被解释变量	INT					
IV_1	0.3258 *** (14.65)	0.3272 *** (15.12)	0.3266 *** (14.60)			
IV_2				0.0103 *** (6.06)	0.0095 *** (5.58)	0.0093 *** (5.44)
Kleibergen-Paap rk LM 统计量	183.826 [0.0000]	187.432 [0.0000]	183.018 [0.0000]	38.695 [0.0000]	33.08 [0.0000]	31.35 [0.0000]
Cragg-Donald Wald F 统计量	312.442 {16.38}	314.559 {16.38}	313.624 {16.38}	33.761 {16.38}	29.008 {16.38}	27.13 {16.38}
Sargan-Hansen 统计量	15.248 [0.1579]	16.517 [0.1710]	13.289 [0.2016]	3.237 [0.1512]	4.125 [0.2107]	3.451 [0.1879]

注：小括号内为t值，方括号内为P值，大括号内为弱工具变量检验的Stock-Yogo在10%水平上的临界值。*、**、***分别表示在10%、5%、1%水平上显著。同表5-4。

5.5　本 章 小 结

本章根据第 3 章的理论分析及对我国互联网发展与绿色全要素生产率的科学测度，分别构建静态和动态面板模型，从全国层面、分地区、分时段三个方面实证检验了互联网发展对我国绿色全要素生产率及其分解的影响效应。研究结论如下。

（1）从全国层面看，不论是采用静态面板模型进行 FE 或 OLS 估计，还是采用动态面板模型的 DIFF-GMM 或 SYS-GMM 进行估计，都能得出同样的结论，即互联网发展对城市绿色全要素生产率都有显著正向影响，并且这一影响效应主要通过互联网发展促进绿色技术效率提升来实现。这一结论同时说明"索洛悖论"在我国不成立。

（2）分地区讨论，互联网发展对中国东部、中部、西部地区绿色全要素生产率的影响效应存在显著差异，其中对东部和中部地区绿色全要素生产率的正向影响高度显著，对西部地区的正向影响显著性较低。总体来说，表现为中部 > 东部 > 西部的态势。

（3）分时段比较，在 2003～2008 年、2009～2013 年和 2014～2016 年三个时间段中，以 2014～2016 年这一时段互联网发展对我国城市全要素生产率的影响效应最大，其次为 2009～2013 年，而在 2003～2008 年互联网发展对城市绿色全要素生产率没有显著影响。以上结论不论是在静态面板固定效应回归中还是在动态面板系统广义矩估计中基本保持一致。

（4）稳健性检验中，分别采用了核心解释变量的滞后一期及工具变量法（IV-2SLS）进行稳健性检验，结论与基准回归保持一致。控制变量方面，根据全国层面回归结果，经济发展水平、环境规制、市场化程度和研发投入对城市绿色全要素生产率具有显著的正向影响，而产业结构、过大的政府规模对城市绿色全要素生产率具有显著负向影响，外商投资水平对城市绿色全要素生产率的影响不显著。

第6章

互联网发展对绿色全要素生产率影响的实证：拓展分析

6.1 引　言

绿色全要素生产率受到经济发展水平、资源禀赋、产业结构和环境规制等多种因素的影响。作为一种信息通信传播手段，互联网发展对城市绿色全要素生产率影响效应的发挥也可能受到城市人力资本、市场化程度、城市规模、行政等级等因素的制约。那么这种基于城市不同特征的异质性条件下，互联网发展对绿色全要素生产率的影响效应有何差异？本章将从经济发展水平、城市规模和等级、人力资本水平、资源禀赋状况、市场化程度、产业结构类型、环境规制强度七个方面分析互联网发展对绿色全要素生产率的异质性影响。

从互联网作为一种连接手段的角度看，接入互联网的用户数越多，将有利于单个网络用户价值的提升，从而产生一种规模报酬递增效应（也称为网络外部性或网络效应）。这种网络效应在交通、能源、通信等基础设施中普遍存在。不少学者（Röller et al.，2001；Koutroumpis，2009；韩宝国和朱平芳，2014；郭家堂和骆品亮，2016；汪东芳和曹建华，2019）都关注到了互联网的网络效应。韩宝国和朱平方（2014）认为当宽带渗透率达到10%以后，宽带渗透率对人均 GDP 增长率的贡献增大；郭家堂和骆品亮（2016）发现当网民人口比例达到 41.43% 时，互联网对我国全要素生产率存在显著的网络效应；而汪东芳和曹建华（2019）研究发现当每法人单位域名数在 0.485 和 2.157 之间时，互联网发展对全要素能源效率有显著的网络效应。根据网络效应特征，随着互联网规模的扩大，互联网发展对单个用户的影响不断增加。那么，在不同的网络规模下，互联网发展对城市绿色全要素生产率的影响是否存在网络效应？本章将运用面板门槛模型对互联网发展影响绿色全要素生产率的网络效应进行检验。

考虑到互联网发展对绿色技术进步和绿色技术效率的影响可能存在一定的滞后性，为了验证这一假设，本章将在动态面板模型中引用互联网发展的滞后项，根据滞后项系数的显著性判断互联网发展对绿色全要素生产率影响的滞后效应。

本章内容如下：6.2 节为互联网发展对绿色全要素生产率的异质性影响分析；6.3 节为互联网发展对绿色全要素生产率的网络效应检验；6.4 节为互联网发展对绿色全要素生产率影响的滞后效应检验；6.5 节为本章小结。

6.2　异质性影响分析

作为新一代信息技术，互联网能够极大地加快知识和信息的传播速度，有利于知识的积累和扩散，从而产生强大的知识和技术溢出效应，提高城市的人力资本水平和技术创新能力；与此同时，互联网能够有效降低市场主体的信息传输成本，降低交易双方的信息不对称程度，从而减少交易成本，推动社会专业化水平和劳动分工，扩大市场规模，产生规模经济效应。我国互联网发展伴随着信息通信技术的不断融合，从教育科研机构不断扩展到工业生产和社会消费等领域，极大地促进了社会技术进步和人们消费的升级。互联网发展对绿色全要素生产率的影响主要通过推动城市经济增长和技术进步，改善能源利用效率和降低污染排放来实现。而这种影响效应的发挥又受到城市经济发展水平、城市规模与等级、人力资本、资源禀赋、市场化程度、产业结构类型、环境规制强度等因素的制约。

关于互联网发展对绿色全要素生产率异质性影响的理论分析已经在第 3 章予以说明，下面从实证角度进行验证。

6.2.1 基于城市经济发展水平的异质性影响分析

为了实证检验不同经济发展水平城市互联网发展对绿色全要素生产率的影响效应的差异，本书将全部样本按照经济发展水平的平均值划分为高收入地区和低收入地区，即人均实际 GDP 高于平均值的城市为高收入地区，低于平均值的城市则划入低收入地区。根据方程（5-4）至方程（5-6），采用动态面板模型系统广义矩估计方法（SYS-GMM）进行分组回归，同时将两组样本的回归结果纳入其中，回归结果如表6-1所示。

表6-1　　　　　　　　　经济发展水平的异质性影响检验

变量	高收入地区			低收入地区		
	模型1	模型2	模型3	模型4	模型5	模型6
	GTFP	*GTC*	*GEC*	*GTFP*	*GTC*	*GEC*
l. GTFP	0.9919 *** (14.2491)			0.8623 *** (8.9146)		
l. GTC		0.5540 *** (4.3241)			0.6442 *** (7.7568)	
l. GEC			0.7880 *** (9.5644)			0.8061 *** (11.2491)
INT	0.0303 *** (2.7979)	-0.0480 ** (-2.2594)	0.0802 *** (3.2889)	0.0205 ** (2.3813)	-0.0238 *** (-3.9625)	0.0448 *** (4.0400)
控制变量	控制	控制	控制	控制	控制	控制
Wald	748.67 ***	49.33 ***	168.92 ***	458.06 ***	238.91 ***	524.98 ***
AR(1)*-p*	0.000	0.000	0.000	0.000	0.006	0.000
AR(2)*-p*	0.893	0.5323	0.732	0.811	0.687	0.818
Sargan-p	0.166	0.608	0.285	0.463	0.549	0.152
N	1411	1411	1411	1558	1558	1558

注：括号内为 t 值，*、**、*** 分别表示在 10%、5%、1% 水平上显著；*AR*(1)、*AR*(2) 分别为扰动项的一阶和二阶自相关检验 P 值，*Sargan-p* 表示用于工具变量有效性检验的 Sargan 检验 P 值。

由表 6 - 1 可知，在将全样本按照地区人均实际 GDP 分成高收入和低收入组后，互联网发展对各地区绿色全要素生产率的影响依然高度显著，并且互联网发展对高收入地区和低收入地区绿色全要素生产率的影响系数分别为 0. 0303 和 0. 0205，即互联网发展对高收入地区绿色全要素生产率的正向促进效应更大。进一步，从互联网发展对绿色全要素生产率的分解绿色技术进步（GTC）和绿色技术效率（GEC）的影响看，无论是对全样本而言，还是对高收入地区或者低收入地区而言，互联网发展都显著抑制了绿色技术进步，但促进了绿色技术效率提高，说明互联网发展对绿色全要素生产率的促进作用主要通过改善绿色技术效率实现。这一结论与第 5 章中表 5 - 5、表 5 - 8 及表 5 - 9 的结论保持一致。再看互联网发展对高收入地区和低收入地区绿色技术效率的影响系数分别为 0. 0802 和 0. 0448，说明与低收入地区相比，互联网发展对高收入地区绿色技术效率的改善效果更明显。出现这一结果的原因在于一方面高收入地区的互联网发展水平往往更高，有利于充分发挥互联网技术手段来提升城市绿色技术进步水平；另一方面高收入地区的人们节能环保意识更强，能够推动政府部门利用互联网改善城市环境治理水平。

6. 2. 2　基于城市规模与等级的异质性影响分析

城市是现代经济发展的中心，也是生产要素汇集的中心。根据国家统计局发布的《中华人民共和国 2020 年国民经济和社会发展统计公报》，到 2020 年末，我国常住人口城镇化率已超过 60%，城镇化对推动我国经济增长发挥了重要作用。而城镇化的过程实际上是城市规模的扩张过程，通过城市规模扩张能够促进要素的流动，改善资源的配置效率，加快产业的集聚，产生显著的规模经济效应，并对周边地区经济增长产生显著的辐射和带动作用，形成区域经济增长极。因此，城市规模对城市全要素生产率将产生重要影响。大量学者从不同角度研究了城市规模对城市效率和劳动生产率的影响，而从产业集聚和产业结构角度进行研究的居多，柯善咨和赵曜（2014）研究发现城市规模与产业结构通过协同机制推动城市劳动生产率提高；陈阳和唐晓华（2018）研究发现高行政等级城市在提升城市绿色全要素生产率方面更具优势。作为新一代信息传输技术，互联网将加快要素和商品的流动，提高资源配置效率，从而影响人口和产业集聚带来的城市规模经济效应以及全要素生产率。另外，互联网的发展也会加快节能减排技术的扩散，考虑到互联网具有规模报酬递增的特点，在不同规模的城市中这种影响是否存在差异是一个值得关注的问题。

城市规模按照人口、土地和产业角度，分为人口规模、空间规模和经济规模（曲衍波等，2021），参考大多数学者的做法（柯善咨和赵曜，2014；于斌斌，2015），本书选择市辖区年末总人口作为城市规模的代理指标。考虑到我国城市作为地方政治中心，城市的行政等级在资源分配中具有举足轻重的地位（陆铭等，2011），这种行政等级的差异直接影响资本、劳动等生产要素的流动和资源配置效率，从而对城市绿色全要素生产率产生重要影响。而互联网对城市绿色全要素生产率的影响在不同行政等级下是否存在差异，本书也将对这一问题进行实证检验。

因此，本书将按照城市人口和行政等级两个方面进行分类。城市人口分类根据国务院 2014 年发布的《关于调整城市规模划分标准的通知》，按照城区常住人口将城市划分为五类七档。五类是指小城市，中等城市、大城市、特大城市和超大城市，划分标准分别是人口在 50 万人以下、50 万~100 万人、100 万~500 万人、500 万~1000 万人、1000 万人以上；而小城市又进一步按照 20 万人以上 50 万人以下、20 万人以下细分为 I 型与 II 型小城市，大城市进一步按照 300 万人以上 500 万人以下。100 万人以上 300 万人以下划分为 I 型与 II 型大城市。考虑到我国地级以上城市中特大及超大城市数量都较少①，为了保证实证结果的稳健性，将全部样本城市分成两组进行分析，即将大城市、特大城市及超大城市合并为一组，将小城市、中等城市作为另一组。此外，我国地级以上城市按照行政等级可以分为直辖市、副省级城市、省会城市及地级市，由于直辖市仅有北京、上海、天津、重庆 4 个，而 15 个副省级城市中除大连、青岛、深圳、厦门、宁波 5 个城市外，其余都是省会城市，因此，将前面三类城市合并为一组，全部地级城市作为另一组，即将全部城市按照行政等级分成两组。为了探讨在不同人口规模和行政等级条件下，互联网发展对城市绿色全要素生产率影响的差异，下面将基于动态面板模型（5-4）至模型（5-6），采用系统广义矩估计（SYS-GMM），对以上两种分组方式分别进行回归，结果如表 6-2、表 6-3 所示。

回归中采用被解释变量与核心解释变量的滞后二阶、三阶及全部控制

---

① 2016 年我国人口超过 500 万人的特大城市仅有 9 个，而人口超过 1000 万人的超大城市仅有 4 个。

变量为工具变量，运用的工具变量总数为 14 个，估计结果均通过了工具变量的识别不足、弱工具变量及过度识别检验，说明工具变量有效。同时根据 $AR(1)$ 的 P 值均小于 0.1，$AR(2)$ 的 P 值都大于 0.1，表明可以接受扰动项无自相关的原假设。说明回归结果是稳健的。

表 6 - 2　　　　　　　　　　城市规模的异质性影响检验

变量	大/特大/超大城市			中小城市		
	模型 7	模型 8	模型 9	模型 10	模型 11	模型 12
	GTFP	GTC	GEC	GTFP	GTC	GEC
l. GTFP	0.9566 *** (15.1128)			0.8165 *** (7.3565)		
l. GTC		0.6233 *** (10.4091)			0.4667 *** (4.5295)	
l. GEC			0.8366 *** (16.3967)			0.7390 *** (11.1813)
INT	0.0187 ** (2.4864)	-0.0228 *** (-3.9697)	0.0494 *** (4.4375)	0.0235 ** (2.0794)	-0.0308 ** (-2.5186)	0.0495 *** (3.3744)
控制变量	控制	控制	控制	控制	控制	控制
Wald	1279.29 ***	236.7 ***	665.85 ***	408.98 ***	109.28 ***	392.43 ***
AR(1)-p	0.003	0.012	0.001	0.000	0.000	0.000
AR(2)-p	0.201	0.394	0.268	0.576	0.627	0.689
Sargan-p	0.162	0.324	0.664	0.388	0.244	0.125
N	1442	1442	1442	1523	1523	1523

注：括号内为 t 值，*、**、*** 分别表示在 10%、5%、1% 水平上显著；$AR(1)$、$AR(2)$ 分别为扰动项的一阶和二阶自相关检验 P 值，$Sargan\text{-}p$ 表示用于工具变量有效性检验的 Sargan 检验 P 值。

　　由表 6 - 2 可知，互联网发展对大城市（包括特大及超大城市）及中小城市的绿色全要素生产率、绿色技术效率具有显著正向影响，而对绿色技术进步则具有负向影响，说明互联网发展对绿色全要素生产率的促进作用通过改善绿色技术效率实现，这一结论与前面的结果保持一致。再看 GTFP、GTC 和 GEC 的一阶滞后项都显著为正，说明绿色全要素生产率及其分解都存在显著的累积叠加效应，说明选择动态模型进行估计是合理的。通过比较模型 7 和模型 10 中核心解释变量的系数，发现互联网发展对大城市和中小城市绿色全要素生产率的影响系数分别为 0.0187 和 0.0235，即互联网发展对中小城市绿色全要素生产率的促进作用更大。根据测算，大城市与中小城市互联网发展水平均值分别为 0.1188、0.0725，绿色全要素生产率均值分别为 1.0195、0.9963，说明与大城市相比，中小城市的互联网发展水平和绿色全要素生产率尽管相对偏低，但中小城市能够充分利用互联网推动工业部门资源和能源的合理利用，降低污染排放，同时运用互联网推动市场化进程，提高了地区的全要素生产率，从而对绿色全要素生产率产生了更好的促进作用。

表 6 – 3   城市行政等级的异质性影响检验

变量	副省级城市/省会城市/直辖市			地级城市		
	模型 13	模型 14	模型 15	模型 16	模型 17	模型 18
	GTFP	*GTC*	*GEC*	*GTFP*	*GTC*	*GEC*
l. GTFP	0.9874 *** (8.2944)			0.9137 *** (11.5937)		
l. GTC		0.5638 *** (6.5639)			0.4811 *** (5.8168)	
l. GEC			0.7099 *** (8.2431)			0.7940 *** (16.0964)
INT	0.0293 ** (1.9757)	− 0.0489 (− 0.9370)	0.1049 ** (1.9937)	0.0259 *** (3.6900)	− 0.0247 *** (− 3.3472)	0.0540 *** (5.9108)
控制变量	控制	控制	控制	控制	控制	控制
Wald	351.11 ***	160.89 ***	119.43 ***	812.56 ***	125.81 ***	714.33 ***
AR(1)*-p*	0.054	0.013	0.003	0.000	0.000	0.000
AR(2)*-p*	0.267	0.215	0.253	0.759	0.688	0.546
Sargan-p	0.158	0.217	0.410	0.267	0.322	0.246
N	397	397	397	2546	2546	2546

注：括号内为 *t* 值，*、**、*** 分别表示在 10%、5%、1% 水平上显著；*AR*(1)、*AR*(2) 分别为扰动项的一阶和二阶自相关检验 P 值，*Sargan-p* 表示用于工具变量有效性检验的 Sargan 检验 P 值。

根据表 6 – 3 的回归结果，尽管互联网发展对所有城市绿色全要素生产率都产生了正向促进作用，但与地级城市相比，互联网发展对副省级、省会和直辖市绿色全要素生产率的影响系数为 0.0293，而对地级城市的影响系数仅为 0.0259，说明互联网发展对高行政等级城市绿色全要素生产率的正向促进作用更大。为了找出这种差异产生的原因，首先测算一下这两类城市互联网发展水平和绿色全要素生产率的均值情况。根据测算，地级城市互联网发展水平均值仅为 0.078，而副省级以上城市互联网发展水平则为 0.203，为地级城市两倍以上；地级城市绿色全要素生产率的均值为 1.006，而副省级以上城市均值为 1.015，相差并不大。因此，互联网发展对不同行政等级城市绿色全要素生产率的影响差异很可能是城市之间互联网发展基础设施建设及其应用的差异导致的。同时，一般来说，高等级城市的人口和经济规模往往较大，人们的收入水平也比较高，借助于政策的倾斜更容易获得外部资金、技术和优质的人才，从而有助于更好地发挥互联网的知识和技术溢出效应，推动绿色技术创新和优化资源配置，产生规模经济效应，提高绿色全要素生产率。

6.2.3　基于人力资本的异质性影响分析

互联网作为一种现代通信工具和手段，对使用者的知识水平也有一定的要求。从消费领域看，随着我国一些大型电子商务企业的诞生，移动支付、共享经济模式逐渐普及，线上下单线下取货（O2O）的"宅经济"消费模式越来越受到人们的青睐，企业与消费者之间的联系更加紧密，由生产型企业逐渐向服务型企业转型。这种借助互联网的新消费模式极大地释放了社会的消费潜力，促进了经济的增长。在工业领域，由于"互联网＋"的推动，我国传统产业运用互联网不断改进业务流程，推动技术创新。智能交通、远程医疗、在线教育、电子政务不断进入普通大众的生活，互联网所带来的社会网络化、智能化转型一方面推动了技术进步和经济增长，另一方面降低了能源消耗，有利于绿色全要素生产率的提高。

然而，互联网在各个领域的应用也对使用者的学习能力提出了一定要求。以工业领域为例，熟练和高技术水平的劳动力能够更好地运用互联网技术推动绿色技术进步以及提高资源配置效率，而低技术水平劳动力将无法很好地运用互联网这一工具实现技术进步和效率改善。那么这种基于不同人力资本水平城市的条件下，互联网发展对绿色全要素生产率的影响是否存在差异？为此，本书将所有样本按照城市人力资本平均值划分为高人力资本城市和低人力资本城市两组，分别分析每组城市互联网发展对绿色全要素生产率影响效应。同样采用 SYS-GMM 估计互联网发展对不同人力资本水平的城市绿色全要素生产率及其分解的影响，回归结果见表 6 - 4。根据回归结果，可知扰动项的差分存在一阶自相关，但不存在二阶自相关，故接受"扰动项无自相关"的原假设，而根据 Sargan 值都大于 0.1，得出可以在 5% 的显著性水平上接受"所有工具变量都有效"的原假设。因此，SYS-GMM 估计结果可靠。

根据模型 19 和模型 22，解释变量互联网发展对高人力资本和低人力资本城市绿色全要素生产率均产生了正向影响，其影响系数分别为 0.0257、0.0208，分别在 10% 和 1% 水平上显著；说明互联网发展对高人力资本城市绿色全要素生产率的影响效应更大。结合互联网发展对绿色技术进步和绿色技术效率的影响系数，可知互联网发展主要通过改善绿色技术效率提高绿色全要素生产率，这一结果与前面的分析保持一致。

表 6 - 4   人力资本的异质性影响检验

变量	高人力资本城市			低人力资本城市		
	模型 19	模型 20	模型 21	模型 22	模型 23	模型 24
	GTFP	*GTC*	*GEC*	*GTFP*	*GTC*	*GEC*
l. GTFP	1.0986 *** (9.8017)			0.8913 *** (10.3666)		
l. GTC		0.5588 *** (5.4808)			0.5381 *** (5.9679)	
l. GEC			0.7825 *** (13.7863)			0.8073 *** (12.6703)
INT	0.0257 * (1.6773)	0.0112 (0.4628)	0.0440 ** (2.0327)	0.0208 *** (2.8003)	- 0.0315 *** (- 4.0078)	0.0485 *** (4.9464)
控制变量	控制	控制	控制	控制	控制	控制
Wald	903.90 ***	98.26 ***	309.93 ***	702.66 ***	142.75 ***	580.86 ***
AR(1)-*p*	0.002	0.011	0.000	0.000	0.000	0.000
AR(2)-*p*	0.158	0.126	0.196	0.479	0.766	0.554
Sargan-p	0.684	0.517	0.116	0.206	0.253	0.585
N	829	829	829	2112	2112	2112

注：括号内为 t 值，*、**、*** 分别表示在 10%、5%、1% 水平上显著；AR(1)、AR(2) 分别为扰动项的一阶和二阶自相关检验 P 值，Sargan-p 表示用于工具变量有效性检验的 Sargan 检验 P 值。

这一结果表明，由于人力资本的地区差异，互联网的应用效果也产生了差异，互联网发展对推动城市绿色技术进步、改善绿色技术效率从而提升绿色全要素生产率与互联网使用者的知识水平密切相关。

6.2.4　基于城市资源禀赋的异质性影响分析

绿色全要素生产率不仅受到城市经济增长和技术进步的影响，也与城市能源消耗和污染排放密切相关。相比于非资源型城市，资源型城市高度依赖矿产资源的开采和加工，更有动力发展资源型产业，而资源型产业又具有典型的高耗能、高排放特征（李虹和邹庆，2018），因此，资源型城市有可能消耗更多的能源以及排放更多的污染。一方面，拥有丰富资源禀赋的城市具有发展工业尤其是重工业的比较优势，然而，一旦这种优势运用不当也可能成为城市经济绿色发展的障碍，形成"资源诅咒"现象。那么，资源禀赋对城市绿色全要素生产率提升到底是利大于弊还是弊大于利，互联网的发展是否有利于改善城市的资源配置效率，从而提升城市绿色全要素生产率？互联网发展对不同资源禀赋城市区绿色全要素生产率的影响是否存在差异？本节将对这些问题进行探讨。

根据2013年国务院发布的《全国资源型城市可持续发展规划（2013 – 2020年）》，我国共有262个资源型城市，其中地级城市126个。结合本书研究的地级城市样本，在255个城市中有99个为资源型城市，因此，本书将255个城市分成两组，即99个资源型城市为一组，其余156个非资源型城市一组，分别考察互联网发展对这两类城市绿色全要素生产率及其分解的影响。根据第5章的动态面板模型（5 – 4）至模型（5 – 6），同样采用系统广义矩估计法（SYS-GMM）分别估计互联网发展对两类城市绿色全要素生产率及其分解的影响，结果见表6 – 5。

表6 – 5　　　　　　城市资源禀赋的异质性影响检验

变量	资源型城市			非资源型城市		
	模型25	模型26	模型27	模型28	模型29	模型30
	$GTFP$	GTC	GEC	$GTFP$	GTC	GEC
$l.\ GTFP$	0.8017 *** (8.2494)			0.9122 *** (12.6825)		

变量	资源型城市			非资源型城市		
	模型25	模型26	模型27	模型28	模型29	模型30
	GTFP	*GTC*	*GEC*	*GTFP*	*GTC*	*GEC*
l. GTC		0.6910 *** (3.6507)			0.4986 *** (5.5799)	
l. GEC			0.8598 *** (14.7667)			0.7310 *** (13.3573)
INT	0.0200 (1.6273)	− 0.0245 ** (− 2.5412)	0.0343 *** (2.7062)	0.0237 *** (3.5527)	− 0.0159 (− 1.6349)	0.0600 *** (5.4058)
控制变量	控制	控制	控制	控制	控制	控制
Wald	714.29 ***	77.10 ***	854.76 ***	517.47 ***	197.95 ***	354.14 ***
AR(1)-*p*	0.001	0.005	0.000	0.000	0.001	0.000
AR(2)-*p*	0.443	0.958	0.857	0.279	0.448	0.310
Sargan-p	0.563	0.179	0.259	0.296	0.150	0.579
N	1105	1105	1105	1858	1858	1858

注：括号内为 *t* 值，*、**、*** 分别表示在 10%、5%、1% 水平上显著；*AR*(1)、*AR*(2) 分别为扰动项的一阶和二阶自相关检验 P 值，*Sargan-p* 表示用于工具变量有效性检验的 Sargan 检验 P 值。

根据表 6 - 5 的 SYS-GMM 估计结果，可知模型 25 至模型 30 都通过了扰动项自相关和工具变量有效性检验。两类城市中绿色全要素生产率及其分解的滞后一期回归系数都在 1% 的水平上显著为正，说明 *GTFP*、*GTC*、*GEC* 都具有显著的累积循环性，本期值受到上一期值显著影响，同时也意味着采用动态面板模型进行回归是合理的。

下面分别分析互联网发展对绿色全要素生产率及其分解的影响效应。（1）根据模型 25 和模型 28 中互联网发展（*INT*）的回归系数，可知互联网发展对资源型城市 *GTFP* 的影响系数为 0.02，但并不显著；而互联网发展对非资源型城市 *GTFP* 的影响系数则为 0.0237，且在 1% 的水平上显著，说明互联网发展对非资源型城市绿色全要素生产率的影响更大。（2）再看互联网发展对绿色技术进步的影响。根据模型 26 和模型 29，*INT* 对资源型城市 *GTC* 的影响系数为 − 0.0245，在 5% 的水平上显著，而对非资源型城市 *GTC* 的影响系数为 − 0.0159，不显著，说明互联网发展尽管对所有城市的绿色技术进步都产生了抑制作用，但对资源型城市绿色技术进步的抑制作用更大。

这可能是因为我国互联网发展对工业技术进步的推动存在严重的偏向性，互联网技术更多运用于一般的产品技术开发，并未关注企业环保节能技术的开发和利用，这在资源型城市中表现更为突出。（3）根据模型 27 和模型 30 中 *INT* 对 *GEC* 的影响系数，互联网发展对资源型和非资源型城市绿色技术效率的影响系数分别为 0.0343 和 0.06，都在 1% 的水平上显著，说明互联网发展改善了两类城市的资源和能源配置效率。进一步比较互联网发展在资源型城市与非资源型城市中的回归系数可知，互联网发展对非资源型城市绿色技术效率的提升作用更大，可能是由于资源型城市资源和能源的消耗更大，互联网运用对资源和能源的优化配置及绿色技术效率提升作用有限，还有待继续提高。

进一步可以从资源禀赋状况与城市产业结构的关系角度分析互联网发展对城市绿色全要素生产率的影响。本书以第二产业产值占地区 GDP 的比重衡量产业结构，通过测算可以发现，资源型城市第二产业占比平均值为 51.3%，而非资源型城市仅为 47.6%，说明资源型城市产业结构中第二产业比重偏高，而根据前面的分析，产业结构中第二产业比重的提高对绿色全要素生产率有负向影响，这就说明资源型城市由于产业结构偏向以工业为主，将导致更多的能源消耗和污染排放，从而影响资源型城市绿色全要素生产率的提升。

6.2.5　基于市场化程度的异质性影响分析

互联网发展对绿色全要素生产率的影响主要通过影响城市全要素生产率、能源消耗和污染排放实现，集中体现在通过互联网的运用降低市场交易成本，提高资本和劳动等要素的流动性，改善资源配置效率，扩大产品市场规模，提高城市技术创新能力和能源效率等方面。然而，这种促进效应的发挥离不开开放的市场环境，在市场化程度高的地区，要素和资源的流动更加顺畅，在互联网的作用下，能够有效提高资源配置效率，降低企业成本，增强企业产品竞争力，从而促进城市全要素生产率的提高。同时，市场化程度越高，企业的竞争意识越强。为了提高产品的市场竞争力，企业有强烈的意愿推动绿色技术创新以及提高能源效率，而借助于互联网的知识快速传播和溢出效应将更容易实现绿色技术进步与效率改善。这些都对城市绿色全要素生产率产生积极影响。

为了探讨互联网发展对不同市场化水平城市绿色全要素生产率的异质性影响，下面通过分组回归的办法进行实证检验。市场化程度借鉴肖攀等（2013）的做法，用城镇私营和个体从业人数占总从业人数的比重表示。首先计算出市场化程度的均值，将全部样本按照是否高于市场化程度均值划分为两组，即高市场化水平地区和低市场化水平地区，根据动态面板模型（5－4）至模型（5－6），采用SYS-GMM方法对模型进行回归，结果见表6－6。

表6－6的回归结果中，6个模型都通过了扰动项无自相关及工具变量的有效性检验，说明SYS-GMM回归结果可信。三个被解释变量 GTFP、GTC、GEC 都具有显著的累计循环效应，即本期值受到上一期值影响，说明采用动态面板模型估计是合理的。下面重点看互联网发展对两类城市绿色全要素生产率及其分解的影响效应。首先，对低市场化程度城市来说，互联网发展对绿色全要素生产率具有正向影响，其影响系数为0.0104，但不显著；然而，互联网发展对高市场化程度城市绿色全要素生产率具有显著的正向影响，其影响系数为0.0304，几乎是前者的3倍，并且在1%的水平上显著，可见互联网发展对高市场化水平城市绿色全要素生产率的影响效应远远超过对低市场化水平城市的影响。其次，不论是对高市场化水平城市还是对低市场化水平城市，互联网发展对绿色技术进步都产生了抑制作用，而对绿色技术效率则有显著正向影响，即互联网发展通过改善绿色技术效率来提高绿色全要素生产率，这一结论与前面的分析一致。

表6－6　　　　　　　　市场化程度的异质性影响检验

变量	低市场化水平城市			高市场化水平城市		
	模型31	模型32	模型33	模型34	模型35	模型36
	GTFP	*GTC*	*GEC*	*GTFP*	*GTC*	*GEC*
l. GTFP	0.8256 *** （11.1381）			0.8683 *** （11.5368）		
l. GTC		0.8147 *** （7.4041）			0.4353 *** （5.1177）	
l. GEC			0.8500 *** （11.8987）			0.7181 *** （10.4641）
INT	0.0104 （1.2122）	－ 0.0366 *** （－ 4.0622）	0.0278 ** （2.4206）	0.0304 *** （3.2457）	－ 0.0233 * （－ 1.8138）	0.0788 *** （3.8131）
控制变量	控制	控制	控制	控制	控制	控制

续表

变量	低市场化水平城市			高市场化水平城市		
	模型 31	模型 32	模型 33	模型 34	模型 35	模型 36
	GTFP	*GTC*	*GEC*	*GTFP*	*GTC*	*GEC*
Wald	725. 86 ***	158. 28 ***	357. 61 ***	545. 87 ***	75. 87 ***	197. 12 ***
AR(1)*-p*	0.000	0.001	0.000	0.001	0.000	0.000
AR(2)*-p*	0.153	0.315	0.322	0.185	0.974	0.788
Sargan-p	0.835	0.191	0.465	0.341	0.527	0.483
N	1469	1469	1469	1490	1490	1490

注：括号内为 *t* 值，* 、** 、*** 分别表示在 10%、5%、1% 水平上显著；*AR*(1)、*AR*(2) 分别为扰动项的一阶和二阶自相关检验 P 值，*Sargan-p* 表示用于工具变量有效性检验的 Sargan 检验 P 值。

6.2.6　基于城市产业结构类型的异质性影响分析

互联网发展主要从生产和消费两个方面对我国经济发展产生影响，相对于生产领域特别是工业领域，我国互联网应用在消费领域运用更广，这可以从我国自 2003 年以来以电子商务为代表的互联网经济和共享经济的蓬勃发展中得到充分体现。其中最具代表性的是 2009 年以来以淘宝为代表的"双十一"购物节，极大地挖掘了社会消费潜力，促进了我国经济增长。与消费互联网相比，我国工业互联网发展还存在一定的滞后性，这也是互联网发展并未促进城市绿色技术进步的一个重要原因。有学者预测，以工业互联网为代表的物联网的应用将成为我国互联网发展的下半场，是推动我国未来人工智能发展和实现《中国制造 2025》发展目标的重要引擎。另外，相对于工业领域，我国互联网在服务业中的应用更广。目前，互联网在我国金融、教育、医疗、交通、物流等行业中已经广泛使用，深刻地改变了这些行业的服务方式，产生了各种新的服务模式，为人们生活带来了极大便利。此外，互联网发展有利于发挥其信息快捷低成本传播的特点，为人们的就业提供更多的便利。服务业的发展有助于降低能耗和污染排放，从而促进城市绿色全要素生产率的提升。

考虑到我国不同城市的产业结构差异较大，一些城市产业结构以服务业为主，而另一些城市以制造业为主，那么在这种异质性产业结构的城市条件下，互联网发展对绿色全要素生产率的影响是否存在差异？下面将对此问题进行实证检验。本书将样本城市按照产业结构中第二产业与第三产业产值比重大于1或小于1，分为工业主导型城市和服务业主导型城市，分析互联网发展对这两类城市绿色全要素生产率影响效应的差异。此处同样基于动态面板模型（5-4）至模型（5-6），采用系统广义矩估计法（SYS-GMM）实证检验互联网发展对绿色全要素生产率及其分解的影响，回归结果见表6-7。

表6-7　　　　　　　　　　城市产业结构的异质性影响检验

变量	服务业主导型城市			工业主导型城市		
	模型 37	模型 38	模型 39	模型 40	模型 41	模型 42
	GTFP	GTC	GEC	GTFP	GTC	GEC
l. GTFP	1.0024 *** (5.9623)			0.9298 *** (13.5671)		
l. GTC		0.5146 *** (3.8887)			0.5474 *** (4.8483)	
l. GEC			0.7074 *** (9.6905)			0.8299 *** (15.4316)
INT	0.0260 ** (2.0932)	0.016 (0.6615)	0.0118 (0.6978)	0.0237 *** (3.3628)	-0.0201 *** (-2.7993)	0.0569 *** (5.7354)
控制变量	控制	控制	控制	控制	控制	控制
Wald	305.18 ***	81.12 ***	299.14 ***	876.51 ***	108.78 ***	607.09 ***
AR(1)-p	0.011	0.033	0.036	0.000	0.000	0.000
AR(2)-p	0.181	0.539	0.682	0.566	0.932	0.137
Sargan-p	0.325	0.287	0.578	0.421	0.858	0.432
N	567	567	567	2376	2376	2376

注：括号内为 t 值，*、**、*** 分别表示在10%、5%、1%水平上显著；$AR(1)$、$AR(2)$分别为扰动项的一阶和二阶自相关检验 P 值，Sargan-p 表示用于工具变量有效性检验的 Sargan 检验 P 值。

动态面板回归结果均通过了扰动项无自相关及工具变量的有效性检验，因此回归结果是可信的。绿色全要素生产率及其分解的滞后一期回归系数高度显著，说明绿色全要素生产率及其分解具有较强的惯性，本期值受到上一期值的影响较大，采用动态面板模型进行回归分析是合理的。

　　根据表6-7的回归结果，互联网发展对工业主导型及服务业主导型城市绿色全要素生产率的影响效应分别为0.0237和0.026，可见互联网发展对服务业主导型城市绿色全要素生产率的正向促进作用更大。同时，互联网发展对服务业主导型城市绿色技术进步与绿色技术效率均产生了正向促进作用，但并不显著。这一点与互联网发展对工业主导型城市绿色技术进步的影响不同，可能是由于我国对工业清洁生产技术不够重视，互联网在工业领域推进绿色技术创新的应用不足，导致互联网发展对工业主导型城市绿色技术进步产生了抑制作用。但互联网发展对我国服务业主导型城市绿色技术进步产生了正向促进作用，这也从某种程度上说明我国互联网在服务业发展中应用更广。最后，互联网发展显著改善了我国工业主导型城市的绿色技术效率，这可能与我国工业能源消耗与污染排放较大有关系，而互联网发展对能源的优化配置产生了显著的促进作用。

6.2.7　基于城市环境规制强度的异质性影响分析

　　环境规制是影响城市污染排放及绿色全要素生产率的重要因素。那么，互联网发展对城市绿色全要素生产率的影响是否与环境规制的强度有关？为了探究这一问题，本书以1998年国家环保局发布的《酸雨控制区和二氧化硫控制区划分方案》中划定的控制区范围，将样本城市分成"两控区"① 城市和非"两控区"城市两组。在255个城市中，有酸雨控制区城市98个，主要分布在我国南方地区，如江苏、浙江、福建、江西、湖南、湖北、广东、广西、四川、云南等省份；属于二氧化硫控制区的城市有54个，主要集中在我国的北方地区，如北京、天津、河北、山西、辽宁、吉林、内蒙古、山东、河南等省份。将以上酸雨控制区和二氧化硫控制区城市共152个作为一组，其余103个城市作为一组，分别分析互联网发展对每组城市绿色全要素生产率的影响，以便比较互联网发展对绿色全要素生产率的影响在不同环境规制水平下的差异。同样采用系统GMM方法估计动态面板模型（5-4）至模型（5-6），结果如表6-8所示。表6-8中六个模型回归结果均通过了扰动项的自相关及工具变量的有效性检验，表明模型估计结果可信。

――――――――――

① 指酸雨控制区和二氧化硫控制区。

根据表6-8可得，互联网发展对"两控区"城市绿色全要素生产率有显著的正向影响，其影响系数为0.0322，在1%的水平上显著；互联网发展对非"两控区"城市绿色全要素生产率虽然有正向影响，其影响系数为0.0087，但并不显著；互联网发展对绿色技术进步和绿色技术效率的影响，仍与前面的回归结果相似，即不管是"两控区"城市还是非"两控区"城市，互联网发展对绿色技术进步有显著的负向影响，而对绿色技术效率则有显著的正向影响。通过比较两组回归结果的系数大小可知，与非"两控区"城市相比，互联网发展对"两控区"城市绿色全要素生产率和绿色技术效率的影响效应更大，说明互联网发展能够充分发挥环境规制的能耗降低和污染减排效应，有助于政府实现预期的环境保护目标。

表6-8　　　　　　　　　　城市环境规制强度的异质性影响检验

变量	"两控区"城市			非"两控区"城市		
	模型 43	模型 44	模型 45	模型 46	模型 47	模型 48
	GTFP	*GTC*	*GEC*	*GTFP*	*GTC*	*GEC*
l. GTFP	0.8950 *** (11.0250)			0.7436 *** (7.4182)		
l. GTC		0.5094 *** (6.3944)			0.6803 *** (4.5625)	
l. GEC			0.8088 *** (13.6138)			0.7963 *** (10.3028)
INT	0.0322 *** (3.4308)	− 0.0221 *** (− 3.0095)	0.0669 *** (5.2936)	0.0087 (1.1773)	− 0.0360 *** (− 2.6126)	0.0417 *** (2.8224)
控制变量	控制	控制	控制	控制	控制	控制
Wald	617.93 ***	120.34 ***	558.37 ***	423.55 ***	106.79 ***	299.13 ***
AR(1)-p	0.000	0.000	0.000	0.000	0.001	0.000
AR(2)-p	0.856	0.614	0.977	0.569	0.137	0.156
Sargan-p	0.109	0.851	0.315	0.952	0.116	0.836
N	1785	1785	1785	1158	1158	1158

注：括号内为 t 值，*、**、*** 分别表示在10%、5%、1%水平上显著；$AR(1)$、$AR(2)$ 分别为扰动项的一阶和二阶自相关检验 P 值，$Sargan-p$ 表示用于工具变量有效性检验的 Sargan 检验 P 值。

6.3　网络效应检验

6.3.1　模型设定

互联网发展对绿色全要素生产率的影响可能呈现非线性特征。为此，本书借鉴汉森（Hansen，1999）的面板门槛模型检验互联网发展对绿色全要素生产率的网络效应，模型构建如下：

$$GTFP_{it} = \alpha_0 + \alpha_1 INT_{it} \times I(q_{it} \leqslant \gamma) + \alpha_2 INT_{it} \times I(q_{it} > \gamma) + \alpha X_{it} + \mu_i + \varepsilon_{it}$$

$$(6-1)$$

其中，$I(\cdot)$ 为示性函数，当满足括号中的条件时取 1，否则取 0；q 表示门槛变量，γ 为门槛值，其余变量含义与模型（5-1）相同。式（6-1）表示仅有一个门槛值的模型，同理可以定义多重门槛模型。

考虑到本书的解释变量互联网发展为互联网普及率、人均电信业务量、互联网从业人员比重及每百人移动电话数构成的综合指数，其中互联网普及率是互联网发展综合指数最重要的指标，并且该指标具有测算简单、含义明确的特点，因此，本书将城市互联网普及率设为门槛变量，并且用每百人互联网用户数表示。

6.3.2　门槛效应检验

为了验证互联网发展与绿色全要素生产率之间的非线性关系，采用局部加权回归散点平滑法（LOWESS）对互联网发展与绿色全要素生产率进行拟合，以观察二者的关系。LOWESS 通过变量之间的散点图拟合出平滑曲线，具有拟合精度高、结果稳健的特点，适合分析非线性问题。拟合结果如图 6-1 所示。

由图 6-1 可知，随着互联网普及率的提高，互联网发展对绿色全要素生产率的影响可以分为三个阶段，大致呈"影响较小—缓慢递增—明显增加"的趋势。由此可以推断，当互联网普及率较低时，互联网发展对绿色全要素生产率的正向影响较小；当互联网普及率超过某个阈值 a 之后，影响缓慢增加；随着网络规模的继续扩大，当互联网普及率超过 b 点之后，互联

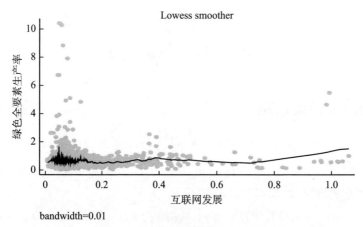

bandwidth=0.01

图 6 − 1　互联网发展与绿色全要素生产率的非线性拟合图

网发展对绿色全要素生产率的影响显著提高，可见互联网发展对绿色全要素生产率的影响可能存在两个门槛值。

下面进一步根据面板门槛模型（6−1），分别对一个、两个和三个门槛进行实证检验，其原假设 H_0 分别为"0 个门槛""1 个门槛""2 个门槛"，备择假设分别为"1 个门槛""2 个门槛""3 个门槛"。以互联网普及率（每百人互联网用户数）为门槛变量，互联网发展为解释变量对模型（6−1）进行固定效应门槛回归，通过 Bootstrap 自抽样迭代 500 次计算出 F 统计量的值和互联网普及率门槛值，结果见表 6 − 9。F 统计量在 1% 的水平上拒绝"0 个门槛"和"1 个门槛"的原假设，表明互联网发展对绿色全要素生产率

表 6 − 9　　　　　　　　　　门槛效应检验结果

门槛变量	原假设 H_0	备择假设 H_1	F 统计量	P 值	结论	门槛值	95%的置信区间
互联网普及率	0 个门槛	1 个门槛	107.87	0.0000	拒绝 H_0	23.7	（11.2135，11.8257）
	1 个门槛	2 个门槛	48.62	0.0000	拒绝 H_0	42.5	（63.3215，65.1081）
	2 个门槛	3 个门槛	17.1	0.1900	接受 H_0	—	—

注：P 值为采用 bootstrap 自抽样 500 次得到的结果。

的影响存在两个门槛值，分别为每百人互联网用户数 23.7 和 42.5，该检验结果与 LOWESS 曲线拟合结果保持一致。根据这两个门槛值将全部样本 255 个城市分成三组，即互联网普及率低于 23.7% 的城市为互联网发展低水平组，大于 23.7% 小于 42.5% 的城市为中等水平组，大于 42.5% 的为高水平组，根据各城市的互联网普及率情况，按照年度从 2003～2016 年分别统计如表 6-10 所示。

表 6-10　　　　　　　样本城市 2003～2016 年互联网发展水平情况

互联网发展	2003年	2004年	2005年	2006年	2007年	2008年	2009年	2010年	2011年	2012年	2013年	2014年	2015年	2016年	总计
低（个）	194	181	174	174	159	133	93	67	39	21	7	4	2	1	1249
中等（个）	49	61	61	68	76	97	127	139	155	156	149	141	120	78	1477
高（个）	12	13	20	20	20	25	35	49	61	78	99	110	133	176	851
合计（个）	255	255	255	262	255	255	255	255	255	255	255	255	255	255	3577

由表 6-10 可知，样本城市互联网普及率在 2008 年以前基本上处于低水平阶段，即大部分城市互联网普及率低于 23.7%，而从 2009 年开始，大部分城市互联网普及率有了快速的提高，互联网发展开始进入中等水平。这一结果与中国互联网络信息中心（CNNIC）的统计基本一致，根据 CNNIC 的统计，我国 2008 年底网民规模为 2.98 亿人，互联网普及率为 22.6%，首次超过世界平均水平 21.9%，同时我国在 2008 年 6 月网民规模超过美国成为全球第一，标志着我国互联网开始进入快速发展阶段。2009～2013 年是我国互联网的快速发展期，互联网普及率由 28.9% 提高到 45.8%。出现这种情况，一方面是因为人们对信息产品的消费能力不断提高；另一方面也与我国互联网尤其是电子商务的快速发展密切相关，互联网在各行业的广泛运用给人们生活带来更多的便利。从 2009 年开始，我国 3G 移动通信网络全面铺开带来的网速提高与资费下降，互联网的普及和应用加快。而自 2014 年以来，我国有将近一半的城市互联网发展都进入了高水平阶段。根据 CNNIC 的统计，2014 年我国网民规模达 6.49 亿人，互联网

普及率达到了 47.9%，从而有利于充分发挥互联网的优势，推动我国城市绿色全要素生产率的提升。

6.3.3 门槛模型回归结果

根据双门槛值的检验结果，得到门槛回归结果见表 6 – 11。由表 6 – 11 可知，当门槛变量互联网普及率小于等于 23.7%，即每百人互联网用户数低于 23.7 时，互联网发展对绿色全要素生产率具有正向影响，其影响系数为 0.0103，在 1% 的水平上显著；当互联网普及率大于 23.7% 但小于等于 42.5% 时，互联网发展对绿色全要素生产率的正向影响有了缓慢的提升，影响系数变为 0.0105，在 5% 的水平上显著；当互联网普及率超过 42.5% 时，互联网发展对绿色全要素生产率的影响显著提高，其影响系数为 0.0369，在 1% 的水平上显著。可见，随着互联网普及率的提高，互联网发展对绿色全要素生产率的影响效应不断增加，特别是当互联网普及率超过 42.5% 时，互联网发展对绿色全要素生产率的正向影响效应最大，说明互联网发展对绿色全要素生产率的影响是非线性的，存在网络效应。

表 6 – 11　　　　　　　　　　门槛效应回归结果

变量	被解释变量：*GTFP*	
互联网发展 （*INT*）	互联网普及率≤23.7%	0.0103 *** （2.69）
	23.7% < 互联网普及率≤42.5%	0.0105 ** （2.13）
	互联网普及率 >42.5%	0.0369 *** （2.33）
控制变量	控制	
常数项	0.0025 （0.0757）	
拟合优度	0.233	
样本数	3570	

注：括号内为 *t* 统计量，*、**、*** 分别表示在 10%、5%、1% 的水平上显著。

6.4　滞后效应检验

为了实证检验互联网发展对绿色全要素生产率影响的滞后效应，在动态面板模型（5－4）至模型（5－6）的基础上，加入解释变量互联网发展的滞后一期作为控制变量，得到模型（6－2）至模型（6－4）。

$$GTFP_{it} = GTFP_{i,t-1} + \beta_1 INT_{it} + \beta_2 INT_{i,t-1} + \beta_3 X_{it} + \mu_i + \varepsilon_{it} \qquad (6-2)$$

$$GTC_{it} = GTC_{i,t-1} + \beta_1 INT_{it} + \beta_2 INT_{i,t-1} + \beta_3 X_{it} + \mu_i + \varepsilon_{it} \qquad (6-3)$$

$$GEC_{it} = GEC_{i,t-1} + \beta_1 INT_{it} + \beta_2 INT_{i,t-1} + \beta_3 X_{it} + \mu_i + \varepsilon_{it} \qquad (6-4)$$

其中，i 表示城市，t 表示年份，$GTFP_{it}$、GTC_{it}、GEC_{it} 分别表示第 i 个城市第 t 年的绿色全要素生产率、绿色技术进步及绿色效率变化，INT_{it}、$INT_{i,t-1}$ 分别表示第 i 个城市第 t 年和第 $t-1$ 年互联网发展综合指数，X 代表一系列控制变量，μ 表示个体效应，ε 为随机扰动项。除 $INT_{i,t-1}$ 外，其余控制变量、解释变量及被解释变量都与第 5 章的动态面板模型相同。采用 SYS-GMM 方法估计模型（6－2）至模型（6－4），结果见表6－12。

表6－12　　　　　　　　　　　　滞后效应检验结果

变量	模型 49	模型 50	模型 51
	GTFP	GTC	GEC
l. GTFP	0.8914 *** （11.7583）		
l. GTC		0.5810 *** （7.3823）	
l. GEC			0.8109 *** （18.1976）
INT	0.0240 *** （2.8656）	－0.0097 （－0.9597）	0.0295 ** （2.2417）
l. INT	0.0010 （0.2250）	－0.0102 ** （－2.1449）	0.0194 *** （2.5789）
控制变量	控制	控制	控制
Wald	883.38 ***	177.21 ***	756.43 ***
AR(1)-p	0.000	0.000	0.000

变量	模型 49	模型 50	模型 51
	GTFP	*GTC*	*GEC*
AR(2)-*p*	0.921	0.505	0.388
Sargan-p	0.690	0.329	0.386
N	2943	2943	2943

注：括号内为 t 值，*、**、*** 分别表示在 10%、5%、1% 水平上显著；AR(1)、AR(2) 分别为扰动项的一阶和二阶自相关检验 P 值，*Sargan-p* 表示用于工具变量有效性检验的 Sargan 检验 P 值。

由表 6-12 可知，模型 49 至模型 51 的 Wald 检验都在 1% 的显著性水平上显著，说明模型中解释变量的影响整体上显著，而 AR(1) 的 P 值均为 0，AR(2) 的 P 值都大于 0.1，说明模型不存在二阶自相关，Sargan 检验的 P 值都大于 0.1，说明可以接受"所有工具变量都有效"的原假设，因此模型设定合理，估计结果有效。

绿色全要素生产率、绿色技术进步、绿色技术效率的滞后一期 $l.GTFP$、$l.GTC$、$l.GEC$ 的回归系数均显著为正，说明绿色全要素生产率及其分解具有显著的循环累积效应。INT 对 $GTFP$ 及 GEC 的影响系数分别为 0.024 和 0.0295，分别在 1% 和 5% 的水平上显著，对 GTC 的影响系数为 -0.0097，但并不显著，可见互联网发展对绿色全要素生产率的正向促进作用主要是通过提高绿色技术效率实现；而互联网发展的滞后一期 $l.INT$ 对 $GTFP$ 的影响系数为 0.001，尽管为正，但并不显著，对 GTC 的影响系数为 -0.0102，在 5% 的水平上显著，对 GEC 的影响系数为 0.0194，在 1% 的水平上显著。

可见，互联网发展对绿色技术进步及绿色技术效率的滞后效应都是显著的，其中对绿色技术进步的滞后效应为负，对绿色技术效率的滞后效应为正。由于这两种影响效应的方向相反，因此互联网发展对绿色全要素生产率的滞后效应并不明显。滞后效应的回归结果与前面的互联网发展抑制了绿色技术进步但提高了绿色技术效率的结论保持一致。可能的解释是互联网发展虽然在一定程度上促进了城市技术进步，但是主要集中在一般性技术开发，并非绿色环保技术，在研发投入不变的条件下增加一般技术创新投入将对绿色技术创新产生挤出效应，导致绿色技术进步反而出现了下降。而互联网发展极大地改善了组织管理效率，优化了生产流程，从而大大提高了能源和资源的配置效率，促进了绿色技术效率的提高。这说明各级地方政府在技术创新政策导向上不能仅关注一般性的技术进步，同时要更多关注绿色技术发明和创新，以充分发挥互联网对绿色技术进步的推动作用。

6.5　本 章 小 结

本章主要从异质性影响、网络效应及滞后效应三个方面探讨互联网发展影响绿色全要素生产率的制约因素、非线性关系和可持续性，以进一步补充和拓展第 5 章关于互联网发展对绿色全要素生产率影响的分析。

（1）在异质性影响分析中，运用动态面板模型系统广义矩估计法，分别从城市经济发展水平、城市规模与等级、人力资本、资源禀赋、市场化程度、产业结构和环境规制强度七个方面实证检验了互联网发展对城市绿色全要素生产率的异质性影响。检验发现互联网发展对高收入城市和低收入城市、大城市和中小城市、副省级以上城市和地级城市、高人力资本城市和低人力资本城市、资源型城市与非资源型城市、低市场化程度城市与高市场化程度城市、工业主导型城市和服务业主导型城市、"两控区"城市与非"两控区"城市绿色全要素生产率的影响系数分别为 0.0303 和 0.0205、0.0187 和 0.0235、0.0293 和 0.0259、0.0257 和 0.0208、0.02 和 0.0237、0.0104 和 0.0304、0.0237 和 0.026、0.0322 和 0.0087。可见，相对于低收入城市、大城市、地级城市、低人力资本城市、资源型城市、低市场化城市、工业主导型城市、非"两控区"城市而言，互联网发展对高收入城市、中小城市、副省级以上城市、高人力资本城市、非资源型城市、高市场化城市、服务业主导型城市、"两控区"城市绿色全要素生产率的正向促进效应更大。

（2）采用互联网普及率为门槛变量，经门槛效应检验发现互联网发展对绿色全要素生产率存在双门槛效应。在互联网普及率小于等于23.7%时，互联网发展对绿色全要素生产率的影响系数为 0.0103；当互联网普及率大于 23.7% 但小于等于 42.5% 时，互联网发展对绿色全要素生产率的影响系数略有增加，变为 0.0105；当互联网普及率超过 42.5% 时，互联网发展对绿色全要素生产率的影响显著提高，其影响系数变为 0.0369，可见互联网发展对绿色全要素生产率的影响存在网络效应。

（3）滞后效应检验结果发现互联网发展对绿色全要素生产率的滞后效应并不明显，但对绿色技术进步及绿色技术效率的滞后效应显著，其中对绿色技术进步的滞后效应为负，对绿色技术效率的滞后效应为正。

第7章

互联网发展对绿色全要素
生产率的影响机制检验

7.1 引 言

根据本书第3章的理论分析，互联网发展对绿色全要素生产率的作用可能不仅是直接影响，还有可能存在一些间接渠道。第3章从理论层面分析了互联网发展影响绿色全要素生产率的渠道，本章将对影响渠道的理论分析进行实证检验，主要从技术创新、产业升级以及节能减排三种渠道探究互联网发展对城市绿色全要素生产率的影响。借鉴中介效应模型实证检验互联网发展对绿色全要素生产率的影响机制，同样采用我国255个城市2003～2016年的面板数据，使用与第5章大致相同的变量和数据，适当增加了部分控制变量，分别采用技术创新、产业升级、单位GDP能耗和单位GDP污染排放作为中介变量，研究互联网发展对绿色全要素生产率的间接影响效应。考虑到模型可能存在内生性问题，在本章的实证分析中，首先利用面板固定效应模型进行基准回归，然后采用面板工具变量法对基准回归结果进行稳健性检验。

本章余下的内容安排如下：7.2 节为模型设定、变量的选取及数据说明；7.3 节为技术创新中介效应检验；7.4 节为产业升级中介效应检验；7.5 节为节能减排中介效应检验；7.6 节为本章小结。

7.2　模型设定、变量选取及数据说明

7.2.1　模型设定

为了实证检验互联网发展对绿色全要素生产率的影响机制，借鉴巴伦等（Baron et al.，1986）和温忠龄等（2004，2014）的中介效应检验原理，构建中介效应模型如下：

$$GTFP_{it} = \alpha + \beta_1 INT_{it} + \gamma_j \sum X_{itj} + u_i + \varepsilon_{it} \qquad (7-1)$$

$$M_{it} = \alpha + \beta_2 INT_{it} + \gamma_j \sum X_{itj} + u_i + \varepsilon_{it} \qquad (7-2)$$

$$GTFP_{it} = \alpha + \beta_3 INT_{it} + \beta_4 M_{it} + \gamma_j \sum X_{itj} + u_i + \varepsilon_{it} \qquad (7-3)$$

以上三个模型中，$GTFP$ 表示绿色全要素生产率，INT 表示互联网发展，$\sum X_{itj}$ 表示一系列控制变量，M 表示中介变量，u_i 表示个体效应，ε_{it} 表示随机扰动项，α、β_1、β_2、β_3、β_4、γ_j 为待估计参数。为了消除模型的异方差，所有变量都取自然对数，同时，为了保证回归结果的稳健性，避免极端值对回归结果的影响，对所有变量进行 1% 和 99% 的双侧缩尾处理。

中介效应的检验原理如图 7-1 所示：

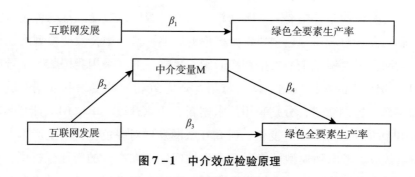

图 7-1　中介效应检验原理

中介效应检验一般采用逐步法，模型（7-1）至模型（7-3）分别代表三个检验步骤，具体来说，第一步，对模型（7-1）进行回归，若 β_1 显著，则继续进行下一步检验，否则，若 β_1 不显著，说明互联网发展对绿色全要素生产率没有显著影响，也就不存在中介效应，则停止下一步检验。第二步，对模型（7-2）进行回归，若 β_2 显著，说明互联网发展对中介变量 M 有显著影响，转到第三步，否则若 β_2 不显著，转到第四步。第三步，对模型（7-3）进行回归，若 β_4 显著，即当 β_2、β_4 同时显著时，表示存在中介效应，其中当 β_3 显著且 $\beta_3 < \beta_1$ 时，为部分中介效应，而当 β_3 不显著时，则为完全中介效应；当 β_4 不显著时，则需进行 Sobel 检验。第四步，当 β_2 与 β_4 至少有一个不显著时，需要进行 Sobel 检验，根据 Sobel 检验结果确定是否存在中介效应。

7.2.2　变量选取

1. 被解释变量（$GTFP$）

与本书第 5 章相同，采用基于 SBM-GML 指数测算的城市绿色全要素生产率作为被解释变量。

2. 解释变量（INT）

采用与本书第 5 章相同的城市互联网发展指数作为解释变量。

3. 中介变量（M）

本章将从技术创新、产业升级和节能减排三个方面检验互联网发展对绿色全要素生产率的影响机制，因此将中介变量设定如下。

（1）技术创新（$JSCX$）：技术创新既可以从创新投入的角度考虑，如采用研发资本和研发人员作为代理指标，也可以从创新产出的角度衡量，如采用专利申请或授权数表示。两种方式比较而言，采用创新产出角度衡量技术创新能力有更强的解释力，但是由于缺乏城市层面的专利授权数据，因此这种方式并不可行。本书根据复旦大学产业发展研究中心发布的《中国城市和产业创新力报告 2017》，采用各城市的创新指数的自然对数作为技术创新能力的代理指标[1]。

---

[1]　寇宗来、刘学悦：《中国城市和产业创新力报告 2017》，复旦大学产业发展研究中心。

（2）产业升级（*CYSJ*）：参考大多数学者的做法，采用各城市第二产业与第三产业产值比重的自然对数作为产业升级的代理指标。

（3）节能减排：涉及能耗降低和污染减少两个方面，节能减排效应可以通过降低能耗和污染数量或强度两种办法实现。在降低能源和污染数量方面，既可以用各城市能源消耗和污染排放总量表示，也可以用人均能耗和人均污染排放衡量。影响能源消耗和污染排放的因素很多，而互联网发展对能源和环境的影响主要通过降低信息成本、改善资源配置从而提高能源效率和环境管理效率实现，因此，本书认为采用各城市的能耗强度和污染强度来反映互联网发展的节能减排效应更合理。能耗强度用各城市单位GDP用电量的自然对数表示；本书中城市污染排放包括二氧化硫、废水和烟粉尘，因此污染强度分别用各城市单位 GDP 二氧化硫排放量、单位 GDP 废水排放量及单位 GDP 烟粉尘排放量的自然对数表示。各城市 GDP 按照城市所在省份的 GDP 价格指数统一折算为以 2000 年为基期的实际 GDP。根据以上分析，体现节能减排效应的中介变量共有四个，即能耗强度，二氧化硫排放强度、废水排放强度及烟粉尘排放强度。

各指标的具体计算公式如下：

能耗强度：$NHQD$ = 城市全年用电量/城市实际 GDP

污染强度：$WRQD_{SO_2}$ = 城市全年二氧化硫排放量/城市实际 GDP

$$WRQD_{feishui} = 城市全年废水排放量/城市实际 GDP$$

$$WRQD_{yanchen} = 城市全年烟粉尘排放量/城市实际 GDP$$

4. 控制变量

结合相关研究，选择的控制变量包括经济发展水平、产业结构、外商直接投资、环境规制、研发投入、人力资本、政府规模、要素禀赋和城市规模，除人力资本、要素禀赋和城市规模三个变量以外，其余控制变量与第 5 章保持一致，不再赘述。人力资本（*RLZB*）采用普通高校在校学生数衡量，要素禀赋（*YSBF*）为城市资本存量与劳动投入之比，城市规模（*CSGM*）为各城市年末总人口数。

7.2.3　数据说明

本章中介效应检验采用与第 5 章相同的样本城市数量和时间范围，仍然是 255 个地级以上城市，时间为 2003～2016 年，样本总数为 3570 个，所有的数据都来自《中国城市统计年鉴》《中国统计年鉴》以及 EPS 数据库。为了消除异方差的影响，将所有变量取自然对数，同时在回归时采用稳健标准误，为消除极端值对回归结果的影响，对所有变量进行 1% 和 99% 的双侧缩尾处理。解释变量、被解释变量及大部分控制变量都已在第 5 章进行了详细介绍，在此不再赘述。

表 7 - 1 为所有中介变量和人力资本、要素禀赋和城市规模三个控制变量的描述性统计[①]。

表 7 - 1　　　　　　　　　　　　变量的描述性统计

变量	样本数	平均值	标准差	最小值	最大值
技术创新（$JSCX$）	3570	-0.118	1.847	-4.605	6.967
产业升级（$CYSJ$）	3570	-0.287	0.4	-2.051	1.427
能耗强度（$NHQD$）	3570	-2.149	0.83	-7.525	1.065
二氧化硫排放强度（$WRQD_{SO_2}$）	3570	-4.343	1.057	-10.58	-1.359
废水排放强度（$WRQD_{feishui}$）	3570	-6.446	0.912	-10.522	-2.762
烟粉尘排放强度（$WRQD_{yanchen}$）	3570	-5.356	1.194	-11.175	0.392
人力资本（$RLZB$）	3500	4.447	1.05	2.094	7.008
要素禀赋（$YSBF$）	3570	3.033	0.7	-0.648	4.869
城市规模（$CSGM$）	3570	4.633	0.761	2.645	7.803

7.3　技术创新中介效应检验

7.3.1　基准回归

中介效应模型（7 - 1）至模型（7 - 3）为静态面板模型，可以采用混合回归模型、固定效应模型以及随机效应模型进行回归。根据固定效应模型的 F 统计量以及 Hansman 检验可知，固定效应比混合回归及随机效应更

[①]　解释变量、被解释变量及其余控制变量已在表 5 - 1 中汇报，此处不再列出。

好，因此，本书在基准回归中采用固定效应模型。固定效应模型可以缓解遗漏变量带来的内生性问题，但是对于双向因果导致的内生性问题仍然不能解决，因此，在稳健性检验中，将采用面板工具变量法对模型进行估计，以克服模型的内生性带来的偏差。

为了检验技术创新对互联网发展影响绿色全要素生产率的间接效应，在模型中加入了经济发展水平、产业结构、外商直接投资、环境规制和研发投入五个控制变量，分别对中介效应模型中方程（7-1）至方程（7-3）采用固定效应模型回归，结果见表7-2。

表7-2　　　　　　　　　　技术创新中介效应基准回归结果

变量	模型1	模型2	模型3
	GTFP	JSCX	GTFP
INT	0.0117 *** (3.4243)	0.6268 *** (11.6024)	0.0076 ** (2.0880)
JSCX			0.0063 *** (4.0690)
JJFZ	0.0073 *** (2.6127)	0.1277 ** (2.4100)	0.0062 * (2.1380)
CYJG	-0.0289 *** (-2.9366)	0.0256 (0.1330)	-0.0287 *** (-2.9507)
FDI	0.0014 (1.1029)	-0.1387 *** (-5.2140)	0.0023 * (1.8554)
HJGZ	0.0441 *** (6.2391)	1.6870 *** (12.2717)	0.0334 *** (4.2935)
YFTR	0.0281 *** (6.6977)	2.2741 *** (21.4819)	0.0138 ** (2.5565)
常数项	0.2067 *** (4.2955)	8.5799 *** (10.1801)	0.1535 *** (3.2172)
个体效应	控制	控制	控制
N	3570	3570	3570
R^2	0.252	0.737	0.267

注：括号内为 t 值，*、**、*** 分别表示在10%、5%、1%的水平上显著。

在表7-2的固定效应回归中，模型1对应方程（7-1）的回归结果，由模型1可知，在未加入中介变量的情况下，互联网发展（INT）对绿色全要素生产率（GTFP）有显著的正向影响，影响系数为 $\beta_1 = 0.0117$，在 1% 的水平上显著，说明通过了中介效应的第一步检验。模型 2 对应方程（7 - 2），根据模型 2 的回归结果，互联网发展对技术创新（JSCX）有显著正向影响，同样在 1% 的水平上显著，其影响系数为 $\beta_2 = 0.6268$，说明解释变量对中介变量有显著影响，通过中介效应的第二步检验。模型 3 对应方程（7 - 3）的回归结果。由模型 3 可知，在加入中介变量技术创新后，解释变量 INT 对被解释变量 GTFP 仍然有显著影响，其影响系数为 $\beta_3 = 0.0076$，在 5% 的水平上显著，与未加入中介变量的模型 1 中的影响系数 $\beta_1 = 0.0117$ 相比，有所下降。中介变量技术创新对被解释变量也有显著影响，其影响系数为 $\beta_4 = 0.0063$，在 1% 的水平上显著。根据中介效应检验的原理，技术创新具有部分中介效应，中介效应大小为 0.6268×0.0063，即 0.0039，而总效应为 0.0117，因此，互联网发展通过技术创新影响绿色全要素生产率的中介效应占总效应的比重为 33.3%。控制变量的估计结果与第 5 章中静态面板回归结果基本一致，此处不再赘述。

7.3.2　稳健性检验

在宏观经济分析中，内生性问题是一个普遍的情况，内生性会导致估计结果不一致，从而得出错误的结论。因此，我们需要尽量避免内生性问题带来的影响。一般来说，内生性问题主要来源于三个方面，即测量误差、遗漏变量和双向因果。本书所研究的问题，相关数据均来自国家权威机构发布的统计年鉴，能够保证数据的客观性和准确性，因此可以忽略测量误差的影响。而遗漏变量也是实证分析中难以避免的一个问题，由于此处采用固定效应模型回归，充分考虑了个体效应，能够避免个体差异对回归结果的影响。同时，在回归中加入了影响被解释变量的一些主要控制变量，因此，由遗漏变量带来的内生性问题也可以忽略不计。双向因果导致的内生性问题比较普遍。具体而言，互联网发展会影响城市绿色全要素生产率，反过来绿色全要素生产率也会影响城市互联网发展。也就是说，互联网发展一方面促进城市绿色全要素生产率的提高；另一方面，绿色全要素生产率高的城市往往经济发展水平较高，具有较好的基础设施，因此互联网发展更为充分。这种互联网发展与绿色全要素生产率相互影响的关系在第 3 章的格兰杰因果检验中也得到了体现，这也是本书需要重点解决的问题。

克服内生性问题的有效办法是采用工具变量法，工具变量法最大的困难是找到一个好的工具变量，即满足相关性和外生性条件。参考相关学者（韩宝国和朱平芳，2014；郭家堂和骆品亮，2016）的做法，本书采用互联网发展的滞后一期作为互联网发展的工具变量。互联网发展的滞后一期与当期值之间具有相关性，同时，当期绿色全要素生产率并不会影响互联网发展的滞后一期值，因此满足工具变量的外生性条件，能够有效克服互联网发展与绿色全要素生产率之间由于双向因果导致的内生性问题。

对模型（7－1）至模型（7－3）进行两阶段最小二乘回归，回归结果见表7－3。

表7－3　　　　　　　　　　技术创新中介效应稳健性检验（2SLS）

变量	第二阶段		
	模型 4	模型 5	模型 6
	GTFP	*JSCX*	*GTFP*
INT	0. 0338 *** (4. 9951)	1. 6614 *** (11. 9711)	0. 0254 *** (2. 8986)
JSCX			0. 0049 *** (2. 9267)
控制变量	控制	控制	控制
个体效应	控制	控制	控制
变量	第一阶段		
	模型 4	模型 5	模型 6
被解释变量	*INT*		
l. INT	0. 3337 ***	0. 3377 ***	0. 2692 ***
Kleibergen-Paap rk LM 统计量	189. 849 [0. 0000]	201. 281 [0. 0000]	130. 987 [0. 0000]
Kleibergen-Paap rk Wald F 统计量	226. 951 {16. 38}	241. 696 {16. 38}	147. 327 {16. 38}
N	3570	3570	3570
R²	0. 249	0. 664	0. 279

注：（1）小括号内为稳健标准误下的 *t* 值，*、**、*** 分别表示在10%、5%、1%水平上显著。（2）*Kleibergen-Paap rk LM* 统计量用于不可识别检验，原假设为工具变量识别不足，中括号内为 P 值；*Kleibergen-Paap rk Wald F* 统计量用于弱工具变量检验，原假设为弱工具变量，大括号内为10%显著性水平的临界值。

由表 7-3 可知，三个模型中 *Kleibergen-Paap rk LM* 统计量的 P 值都为 0.0000，强烈拒绝不可识别的原假设，而用于检验弱工具变量的 *Kleibergen-Paap rk Wald F* 统计量均大于 Stock-Yogo 在 10% 显著性水平的临界值 16.38，拒绝了弱工具变量的原假设。可见，工具变量满足相关性和外生性条件。从第一阶段回归结果可以发现，工具变量 *l. INT* 对内生变量 *INT* 具有较好的解释力，均在 1% 的显著性水平上显著。

进而，根据表 7-3 的回归结果，发现不论是解释变量还是中介变量，其系数的符号和显著性都与基准回归结果基本一致。在加入中介变量以后，互联网发展对绿色全要素生产率的影响效应有所下降，由原来的 $\beta_1 = 0.0338$ 变成 $\beta_3 = 0.0254$。互联网发展通过技术创新这一中介变量影响绿色全要素生产率，其中介效应为 $\beta_2 \times \beta_4 = 1.6614 \times 0.0049$，即 0.0081，而互联网发展影响绿色全要素生产率的总效应为 0.0338，因此中介效应占总效应的比例为 24.1%，这一比重较基准回归的结果有所下降。各控制变量系数估计值的大小、符号及显著性与基准回归基本一致，因此，稳健性检验进一步验证了基准回归中技术创新在互联网发展影响绿色全要素生产率中的部分中介效应的结论。与基准回归相比，采用面板工具变量法克服了模型的内生性带来的系数估计偏差，结果更合理。

技术创新之所以能成为互联网发展影响绿色全要素生产率的间接渠道，与互联网作为一种新型的信息传播技术密切相关。互联网发展能够加快知识和信息的传播速度，产生显著的知识溢出效应，有效降低企业的创新成本，提高企业创新效率，从而推动城市技术进步，提高绿色全要素生产率。

7.4 产业升级中介效应检验

按照配第—克拉克定理，随着一个国家经济的发展，产业结构中农业所占比重不断下降，而工业、服务业比重不断上升。但产业结构在不同经济发展水平的国家间存在差异，即经济越发达的国家服务业所占的比重越大，这反映了一个国家产业结构不断升级的过程。同样，对一个地区来说，也具有类似的产业结构发展变化规律。

互联网带来的信息快捷、低成本传播降低了交易双方的信息不对称程度，有利于减少市场主体的交易成本，从而降低了个体的市场准入门槛，有助于物流、餐饮、旅游、教育培训等相关服务业的发展。已有大量学者（刘姿均和陈文俊，2017；叶初升和任兆柯，2018；左鹏飞等，2020）研究了互联网发展的产业升级效应，得出的结论基本一致，即认为互联网有利于促进了第三产业的发展，提高了服务业在 GDP 中的比重，具有显著的产业升级效应。与此同时，与第二产业相比，第三产业具有更低的能源消耗与污染排放，因此，增加第三产业比重将有助于提高地区绿色全要素生产率，刘赢时等（2018）、韩晶等（2019）利用我国城市面板数据实证分析了产业升级对绿色全要素生产率的影响，得出了产业升级对提升绿色全要素生产率具有显著的正向促进作用的结论。由此可见，产业升级很可能是互联网发展影响绿色全要素生产率的中介变量，下面将根据模型（7-1）至模型（7-3），验证互联网发展影响绿色全要素生产率的产业升级中介效应。同样首先采用固定效应模型进行基准回归，然后利用面板工具变量法进行稳健性检验。

学术界往往将地区第三产业与第二产业产值之比作为产业升级的代理指标，本书同样遵循这一做法，将样本城市第三产业产值与第二产业产值之比作为中介变量产业升级的代理指标。模型的控制变量包括经济发展水平、外商直接投资、环境规制、研发投入、政府规模和城市规模。为了降低异方差对回归结果的影响，所有变量都取自然对数，并且在回归中选择稳健标准误。选取的样本城市包括全国 255 个地级以上城市，时间跨度为 2003~2016 年，样本总数为 3570 个。

7.4.1　基准回归

以产业升级作为中介变量，采用固定效应回归方法对中介效应模型进行估计的结果如表 7-4 所示。

在表 7-4 中，模型 7 表示未加入中介变量的回归结果，模型 8 为中介变量对解释变量的回归，模型 9 为模型 7 中加入中介变量后的回归结果。在加入控制变量和控制个体效应的情况下，模型 7 中解释变量对被解释变量的影响系数为 $\beta_1 = 0.0139$，在 1% 的水平上显著，说明满足中介效应检验的条件。由模型 8 可知，解释变量对中介变量的影响系数为 $\beta_2 = 0.1515$，同样在 1% 的水平上显著，说明通过了中介效应检验的第二步。由模型 9 可知，在加入中介变量后，解释变量对被解释变量的影响仍然在 1% 的水平上显著，但影响系数由原来的 $\beta_1 = 0.0139$ 下降为 $\beta_3 = 0.0115$，而中介变量对被解释变量的影响系数为 $\beta_4 = 0.0158$，在1%的显著性水平上显著，可见产业升级在互联网发展对绿色全要素生产率的影响中存在部分中介效应。中介效应大小为 $\beta_2 \times \beta_4 = 0.1515 \times 0.0158$，即 0.0023858，而总效应为 0.0139，因此，中介效应占总效应的比重为17.2%。

表 7-4　　　　　　　　产业升级中介效应基准回归结果

变量	模型7	模型8	模型9
	GTFP	CYSJ	GTFP
INT	0.0139*** (4.2666)	0.1515*** (7.9176)	0.0115*** (3.3649)
CYSJ			0.0158*** (2.8977)
JJFZ	0.0060** (2.3182)	-0.0702*** (-4.9097)	0.0073*** (2.9079)
HJGZ	0.0436*** (5.4197)	-0.1702*** (-3.6086)	0.0463*** (5.8809)
FDI	0.0010 (0.7957)	-0.0295*** (-2.7283)	0.0015 (1.1325)
YFTR	0.0337*** (6.0005)	0.0499 (1.2282)	0.0329*** (5.8677)
ZFGM	-0.0100* (-1.7199)	0.0204 (0.4099)	-0.0103* (-1.7740)
CSGM	0.0077* (1.7387)	0.0934** (2.4432)	0.006 (1.4254)
常数项	0.0744** (2.1079)	0.3442 (1.3717)	0.0683* (1.9647)
个体效应	控制	控制	控制
N	3570	3570	3570
R²	0.235	0.100	0.242

注：括号内为 t 值，*、**、*** 分别表示在10%、5%、1%的水平上显著。

7.4.2　稳健性检验

为了克服模型可能存在的内生性问题，在稳健性检验中采用面板工具变量法对产业升级中介效应模型进行回归，如果解释变量和中介变量的回归系数及显著性基本保持一致，说明前面的结论是可信的。稳健性检验结果见表7-5。

表7-5 产业升级中介效应稳健性检验（2SLS）

变量	第二阶段		
	模型10	模型11	模型12
	GTFP	*CYSJ*	*GTFP*
INT	0.0342 *** (5.5065)	0.3942 *** (9.9153)	0.0312 *** (4.5498)
CYSJ			0.0077 * (1.8562)
控制变量	控制	控制	控制
个体效应	控制	控制	控制
变量	第一阶段		
	模型10	模型11	模型12
被解释变量	*INT*		
l. INT	0.3689 ***	0.3726 ***	0.3393 ***
Kleibergen-Paap rk LM 统计量	201.621 [0.0000]	213.66 [0.0000]	168.543 [0.0000]
Kleibergen-Paap rk Wald F 统计量	268.627 {16.38}	286.168 {16.38}	221.243 {16.38}
N	3570	3570	3570
R^2	0.236	0.753	0.246

注：（1）小括号内为稳健标准误下的 *t* 值，*、**、*** 分别表示在10%、5%、1% 水平上显著。（2）*Kleibergen-Paap rk LM* 统计量用于不可识别检验，原假设为工具变量识别不足，中括号内为 P 值；*Kleibergen-Paap rk Wald F* 统计量用于弱工具变量检验，原假设为弱工具变量，大括号内为10% 显著性水平的临界值。

根据表7-5中第一阶段回归结果，工具变量对解释变量具有较好的解释力，P 值都为0.0000，说明工具变量与内生变量满足相关性条件；用于不可识别检验的 *Kleibergen-Paap rk LM* 统计量均拒绝原假设，说明工具变量不存在识别不足；用于弱工具变量检验的 *Kleibergen-Paap rk Wald F* 统计量均大于 Stock-Yogo 检验10% 的临界值16.38，拒绝原假设，说明不存在弱工具变量。可见工具变量选择是有效的。

第二阶段回归结果表明，在未加入中介变量的模型 10 中，解释变量对被解释变量的影响系数为 $\beta_1 = 0.0342$，在 1% 的水平上显著，说明通过了中介效应检验的第一步。在模型 11 中，解释变量对中介变量的影响系数为 $\beta_2 = 0.3942$，也在 1% 的水平上显著，通过了中介效应检验的第二步。在模型 12 中，解释变量对被解释变量的影响系数为 $\beta_3 = 0.0312$，在 1% 的水平上显著，该系数比未加入中介变量的模型 10 的系数有所下降，并且中介变量对被解释变量的影响系数为 $\beta_4 = 0.0077$，在 1% 的水平上显著。这说明产业升级在互联网发展对绿色全要素生产率的影响中为部分中介效应，从而验证了产业升级中介效应基准回归的结论。

进一步，可以计算出中介效应为 $\beta_2 \times \beta_4 = 0.3942 \times 0.0077 = 0.003$，而总效应为 $\beta_1 = 0.0342$，因此，中介效应占总效应的比重为 8.9%。这一结果比基准回归有所降低，因为稳健性检验克服了基准回归中自变量与因变量的内生性导致的系数估计偏差，因此稳健性检验的结果更合理。

7.5　节能减排中介效应检验

绿色全要素生产率与传统全要素生产率的最大区别在于绿色全要素生产率考虑了能源消耗与污染排放，由此可见，能源消耗与污染排放是影响绿色全要素生产率的重要因素。基于本书第 3 章的理论分析，互联网发展有利于降低城市能源消耗与污染排放，从而提高绿色全要素生产率。本节将利用中介效应模型实证检验这一影响机制。

能耗强度和污染排放强度分别以单位 GDP 能耗和单位 GDP 污染排放表示。具体来说，能耗用城市全年用电量表示，污染排放用城市每年的二氧化硫、废水和烟粉尘三种污染物的排放量代替，GDP 统一折算为以 2000 年为基期的不变价 GDP 表示。因此，本节的中介变量共有四个，即能耗强度（$NHQD$）、二氧化硫排放强度（$WRQD_{SO_2}$）、废水排放强度（$WRQD_{feishui}$）、烟粉尘排放强度（$WRQD_{yanchen}$），具体计算公式见本章 7.2.2。与前面的两种中介效应分析类似，本节同样选择全国 255 个地级以上城市，以 2003 ～ 2016 年作为研究时段，首先采用面板固定效应回归对中介效应模型（7 - 1）至模型（7 - 3）进行估计，然后再运用面板工具变量法进行稳健性检验。

参考相关研究，在节能中介效应的检验中加入经济发展水平、产业结构、人力资本、环境规制、研发投入、城市规模和要素禀赋七个控制变量；在减排中介效应检验中加入经济发展水平、产业结构、外商直接投资、环境规制、人力资本五个控制变量。为了降低异方差对模型估计的影响，对所有变量都取自然对数，同时为消除异常值的影响，对所有变量都进行1%和99%的缩尾处理。相关变量的定义见表7-1。

7.5.1 基准回归

首先，对节能减排中介效应的检验分为能耗强度和污染强度两个方面进行，污染强度进一步分成二氧化硫排放强度、废水排放强度和烟粉尘排放强度三种情况。采用面板固定效应模型分别对上述四种情况进行回归，结果见表7-6和表7-7。

表7-6 能耗强度中介效应基准回归结果

变量	模型 13	模型 14	模型 15
	GTFP	NHQD	GTFP
INT	0.0087 *** (2.6434)	− 0.0751 ** (− 2.1511)	0.0082 ** (2.5166)
NHQD			− 0.0075 ** (− 2.2032)
JJFZ	0.0052 * (1.8126)	− 0.2711 *** (− 3.3462)	0.0032 (1.0155)
CYJG	− 0.0379 *** (− 3.6938)	0.0424 (0.3736)	− 0.0378 *** (− 3.6722)
HJGZ	0.0367 *** (4.7351)	0.2816 *** (3.7011)	0.0389 *** (5.1234)
YFTR	0.0131 ** (2.4485)	0.1903 *** (3.4080)	0.0144 ** (2.5760)
RLZB	0.0096 *** (5.7445)	0.1305 *** (6.3795)	0.0107 *** (6.4441)
CSGM	− 0.0025 (− 0.6869)	0.4837 *** (6.4307)	0.0011 (0.3025)
YSBF	− 0.0044 (− 1.1900)	0.042 (1.3039)	− 0.0043 (− 1.1463)
常数项	0.1539 *** (2.7771)	− 2.4462 *** (− 2.6681)	0.1356 ** (2.5053)

变量	模型 13	模型 14	模型 15
	$GTFP$	$NHQD$	$GTFP$
个体效应	控制	控制	控制
N	3570	3570	3570
R^2	0.273	0.389	0.279

注：括号内为 t 值，*、**、*** 分别表示在 10%、5%、1% 水平上显著。

表 7-6 中模型 13 至模型 15 分别对应中介效应检验模型（7-1）至模型（7-3）。模型 13 表示未加入中介变量的回归结果。根据模型 13 可知，解释变量 INT 对被解释变量 $GTFP$ 具有显著影响，影响系数为 $\beta_1 = 0.0087$，在 1% 的水平上显著，说明通过了中介效应检验的第一步。模型 14 为解释变量 INT 对中介变量 $NHQD$ 的影响。由模型 14 可知，解释变量 INT 对中介变量 $NHQD$ 的影响系数为 $\beta_2 = -0.0751$，在 5% 的水平上显著，说明通过了中介效应检验的第二步，影响系数为负值，表示互联网发展降低了能源强度。模型 15 为加入中介变量后解释变量和中介变量对被解释变量的共同影响。由模型 15 可知，加入中介变量后，解释变量对被解释变量的影响仍然在 5% 的水平上显著，影响系数为 $\beta_3 = 0.0082$，较模型 13 有所下降，而中介变量对被解释变量的影响系数为 $\beta_4 = -0.0075$，在 5% 的水平上显著，因此，能源强度在互联网发展对绿色全要素生产率的影响中为部分中介。能源强度对绿色全要素生产率具有负向影响表明降低能源强度有利于提高绿色全要素生产率。进一步可以计算出中介效应为 $\beta_2 \times \beta_4 = -0.0751 \times (-0.0075) = 0.00056325$，而总效应为 $\beta_1 = 0.0087$，因此，能耗强度中介效应占总效应的比重为 6.5%。

表 7-7　　　　　　　　污染强度中介效应基准回归结果

变量	模型 16	二氧化硫		废水		烟粉尘	
		模型 17	模型 18	模型 19	模型 20	模型 21	模型 22
	$GTFP$	$WRQD_{SO_2}$	$GTFP$	$WRQD_{feishui}$	$GTFP$	$WRQD_{yanchen}$	$GTFP$
INT	0.0166 *** (5.0131)	-0.0030 *** (-3.0109)	0.0112 *** (5.0041)	-0.0001 (-0.5422)	0.0163 *** (4.8249)	-0.0007 (-1.3031)	0.0160 *** (5.0415)
$WRQD_{SO_2}$			2.0222 *** (-15.0435)				

续表

变量	模型16	二氧化硫		废水		烟粉尘	
		模型17	模型18	模型19	模型20	模型21	模型22
	$GTFP$	$WRQD_{SO_2}$	$GTFP$	$WRQD_{feishui}$	$GTFP$	$WRQD_{yanchen}$	$GTFP$
$WRQD_{feishui}$					-4.205 *** (-4.4348)		
$WRQD_{yanchen}$							-1.1105 *** (-5.7685)
$JJFZ$	0.0087 *** (2.8064)	-0.0150 *** (-6.9824)	-0.0247 *** (-3.8132)	-0.0018 *** (-7.4025)	0.0007 (0.1743)	-0.0048 *** (-5.3044)	0.0029 (0.8034)
$CYJG$	-0.0340 *** (-3.2569)	0.0115 *** (3.1130)	-0.0062 (-0.7905)	0.0003 (0.7424)	-0.0329 *** (-3.2220)	-0.0008 (-0.3598)	-0.0341 *** (-3.2900)
FDI	0.001 (0.7978)	-0.0001 (-0.2859)	0.0005 (0.5463)	0.0000 (0.8759)	0.0012 (0.9611)	-0.0009 ** (-2.5465)	0.0000 (0.0174)
$HJGZ$	0.0608 *** (8.9463)	-0.0156 *** (-6.3401)	0.0296 *** (6.5717)	-0.0003 (-1.1307)	0.0594 *** (8.7468)	-0.0116 *** (-6.4198)	0.0480 *** (6.9564)
$RLZB$	0.0068 ** (2.2765)	0.0003 (0.2260)	0.0081 *** (3.4258)	-0.0002 (-1.6326)	0.0061 ** (2.0878)	-0.0006 (-0.8592)	0.0062 ** (2.1495)
常数项	0.0964 ** (2.0750)	0.0967 *** (4.6649)	0.2983 *** (5.1896)	0.0180 *** (6.9474)	0.1766 *** (3.5244)	0.0479 *** (4.1102)	0.1509 *** (3.2389)
个体效应	控制	控制	控制	控制	控制	控制	控制
N	3570	3570	3570	3570	3570	3570	3570
R^2	0.218	0.233	0.617	0.195	0.239	0.191	0.263

注：模型16为中介效应检验第一步，即未考虑中介变量的回归结果，模型17、模型19、模型21为中介效应检验第二步，即解释变量对中介变量的影响，模型18、模型20、模型22为中介效应检验第三步即加入中介变量的回归结果。括号内为 t 值，*、**、*** 分别表示在10%、5%、1%的水平上显著。

表7-7分别检验了互联网发展通过三个中介变量二氧化硫排放强度、废水排放强度及烟粉尘排放强度影响绿色全要素生产率的情况，其中模型16表示未加入中介变量的模型，解释变量对被解释变量的影响系数 β_1 为0.0166，在1%的水平上显著，说明满足中介效应检验的基本条件。由模型17和模型18可知，不仅解释变量 INT 对中介变量 $WRQD_{SO_2}$ 有显著影响，同时中介变量对被解释变量的影响也显著，并且加入中介变量后解释变量对被解释变量的影响仍然显著，显著性水平都为1%。此外，在加入中介变量后，解释变量对被解释变量的影响系数由 $\beta_1 = 0.0166$ 下降为 $\beta_3 = 0.0112$，说明二氧化硫排放强度在互联网发展对绿色全要素生产率的影响中为部分

中介。进一步可以计算出二氧化硫排放强度的中介效应大小为 $\beta_2 \times \beta_4 = -0.003 \times (-2.0222) = 0.0060666$，而总效应 $\beta_1 = 0.0166$，因此中介效应占总效应的比重为 36.5%。值得一提的是，解释变量 INT 对中介变量 $WRQD_{SO_2}$ 的影响系数 -0.003 为负值，说明互联网发展降低了二氧化硫的排放强度；同时中介变量 $WRQD_{SO_2}$ 对被解释变量 $GTFP$ 的影响系数 -2.0222 也为负值，说明降低二氧化硫排放强度有利于提高绿色全要素生产率。

而在模型 19 至模型 22 中，解释变量 INT 对中介变量 $WRQD_{feishui}$ 及 $WRQD_{yanchen}$ 的影响系数 β_2 为负，但并不显著，尽管在加入中介变量后，中介变量 $WRQD_{feishui}$ 和 $WRQD_{yanchen}$ 以及解释变量 INT 都对被解释变量具有显著影响，即 β_3、β_4 都显著。因此，根据中介效应检验的原理（温忠龄等，2004，2014），当 β_2 与 β_4 至少有一个不显著时，需要进一步进行 Sobel 或 Bootstrap 检验，以确定中介效应是否存在。下面分别采用 Sobel-Goodman 检验以及 Bootstrap 检验，以确定废水排放强度和烟粉尘排放强度是否在互联网发展对绿色全要素生产率的影响中具有中介效应。Sobel 检验要求 β_2 与 β_4 服从正态分布，而 Bootstrap 检验放宽了这一限制，因此使用范围更广。为了保证结论的稳健性，本书同时进行了两种检验，其中，Bootstrap 检验选择抽样次数为 1000 次，在 95% 的置信区间下进行，两种检验结果见表 7 - 8。

表 7 - 8　　　　　　　废水和烟粉尘排放强度的中介效应检验

指标	废水排放强度（$WRQD_{feishui}$）		烟粉尘排放强度（$WRQD_{yanchen}$）	
	Sobel-Goodman 检验	Bootstrap 检验	Sobel-Goodman 检验	Bootstrap 检验
Sobel	0.0006908 ** (2.422)		0.0004088 *** (2.615)	
Goodman-1	0.0006908 ** (2.408)		0.0004088 ** (2.569)	
Goodman-2	0.0006908 ** (2.435)		0.0004088 *** (2.664)	
Indirect effect	0.000691 ** (2.422)	0.0006908 ** (2.22)	0.000409 *** (2.615)	0.0004088 ** (2.05)
Direct effect	0.005678 *** (3.298)	0.0056782 *** (3.29)	0.005396 *** (3.172)	0.0053961 *** (3.59)
Total effect	0.006369 *** (2.932)	0.006369 *** (3.57)	0.005805 *** (2.932)	0.0058049 *** (3.59)
中介效应占比	0.1085		0.0705	

注：括号内为 z 统计量值，*、**、*** 分别表示在 10%、5%、1% 水平上显著。

根据表 7-8 可知，在 Sobel-Goodman 和 Bootstrap 两种检验方式下，废水排放强度的中介效应（Indirect effect）为 0.000691，在 5% 的水平上显著，而直接效应（Direct effect）和总效应（Total effect）都在 1% 的水平上显著，分别为 0.005678 和 0.006369。因此，中介效应占总效应的比重为 10.85%，说明废水排放强度（$WRQD_{feishui}$）在互联网发展对绿色全要素生产率的影响中存在部分中介效应。同理，烟粉尘排放强度（$WRQD_{yanchen}$）在互联网发展对绿色全要素生产率的影响中也存在部分中介效应，中介效应在两种检验方式下的结果基本一致，间接效应的显著性水平分别为 1% 和 5%，直接效应和总效应的显著性水平均为 1%，间接效应、直接效应和总效应的值分别为 0.000409、0.005396 及 0.005805，因此，中介效应占总效应的比重为 7.05%。

7.5.2　稳健性检验

考虑到模型有可能存在遗漏变量，特别是解释变量与被解释变量之间的双向因果关系使得中介效应模型产生内生性问题，采用固定效应模型的回归结果有可能出现偏差。为了解决内生性带来的参数估计偏差，选择解释变量的滞后一期作为工具变量，采用面板工具变量法对节能减排中介效应进行稳健性检验。工具变量法两阶段最小二乘回归结果见表 7-9 和表 7-10。

表 7-9　　　　　　　　能耗强度中介效应的稳健性检验（2SLS）

变量	第二阶段		
	模型 23	模型 24	模型 25
	GTFP	NHQD	GTFP
INT	0.0277 *** (3.5877)	-0.2203 ** (-2.3489)	0.0264 *** (3.4693)
NHQD			-0.0050 ** (-2.1214)
控制变量	控制	控制	控制
个体效应	控制	控制	控制

续表

变量	第一阶段		
	模型23	模型24	模型25
被解释变量	INT		
l. INT	0.3014***	0.3043***	0.3003***
Kleibergen-Paap rk LM 统计量	166.33 [0.0000]	175.228 [0.0000]	164.874 [0.0000]
Kleibergen-Paap rk Wald F 统计量	201.062 {16.38}	212.477 {16.38}	199.359 {16.38}
N	3570	3570	3570
R^2	0.278	0.350	0.284

注：(1) 小括号内为稳健标准误下的 t 值，*、**、*** 分别表示在10%、5%、1%水平上显著。(2) Kleibergen-Paap rk LM 统计量用于不可识别检验，原假设为工具变量识别不足，中括号内为 P 值；Kleibergen-Paap rk Wald F 统计量用于弱工具变量检验，原假设为弱工具变量，大括号内为10%显著性水平的临界值。

表 7-10　　　　污染强度中介效应的稳健性检验 (2SLS)

变量	第二阶段						
	模型26	二氧化硫		废水		烟粉尘	
		模型27	模型28	模型29	模30	模型31	模型32
	GTFP	$WRQD_{SO_2}$	GTFP	$WRQD_{feishui}$	GTFP	$WRQD_{yanchen}$	GTFP
INT	0.0379*** (5.6238)	-0.0074*** (-3.1901)	0.0252*** (5.1720)	-0.0006** (-2.5048)	0.0358*** (5.3542)	-0.0021** (-1.4952)	0.0367*** (5.6775)
$WRQD_{SO_2}$			-1.9889*** (-19.1490)				
$WRQD_{feishui}$					-4.1063*** (-6.3582)		
$WRQD_{yanchen}$							-1.0534*** (-7.0851)
控制变量	控制	控制	控制	控制	控制	控制	控制
个体效应	控制	控制	控制	控制	控制	控制	控制

续表

变量	第一阶段						
	模型 26	模型 27	模型 28	模型 29	模型 30	模型 31	模型 32
被解释变量	INT						
l. INT	0.3450 ***	0.3499 ***	0.3430 ***	0.3499 ***	0.3455 ***	0.3499 ***	0.3449 ***
Kleibergen-Paap rk LM 统计量	195.35 [0.0000]	207.58 [0.0000]	192.694 [0.0000]	207.58 [0.0000]	195.515 [0.0000]	207.58 [0.0000]	195.241 [0.0000]
Kleibergen-Paap rk Wald F 统计量	237.42 {16.38}	254.107 {16.38}	234.39 {16.38}	254.107 {16.38}	238.268 {16.38}	254.107 {16.38}	237.399 {16.38}
N	3570	3570	3570	3570	3570	3570	3570
R^2	0.221	0.235	0.624	0.188	0.247	0.175	0.264

注：（1）小括号内为稳健标准误下的 t 值，*、**、*** 分别表示在 10%、5%、1% 水平上显著。（2）Kleibergen-Paap rk LM 统计量用于不可识别检验，原假设为工具变量识别不足，中括号内为 P 值；Kleibergen-Paap rk Wald F 统计量用于弱工具变量检验，原假设为弱工具变量，大括号内为 10% 显著性水平的临界值。

由表 7-9 可知，在第一阶段回归中，工具变量 l. INT 与解释变量 INT 高度相关，都在 1% 的水平上显著。根据 Kleibergen-Paap rk LM 统计量的 P 值都等于 0.0000，可以拒绝工具变量不可识别的原假设，Kleibergen-Paap rk Wald F 统计量都大于 Stock-Yogo 检验在 10% 水平上的临界值 16.38，说明不存在弱工具变量问题，可见工具变量满足外生性和相关性的条件。再根据模型 23 的回归结果，在未加入中介变量时，解释变量对被解释变量的影响系数为 $\beta_1 = 0.0277$，在 1% 的水平上显著，说明通过中介效应检验的第一步。由模型 24 的回归结果可知，解释变量对中介变量的影响系数 $\beta_2 = -0.2203$，也在 1% 的显著性水平上显著，通过了中介效应检验的第二步。模型 25 为加入中介变量后的回归结果，此时解释变量对被解释变量的影响系数为 $\beta_3 = 0.0264$，比未加入中介变量时的回归系数 $\beta_1 = 0.0277$ 有所下降，而中介变量对被解释变量的影响系数为 $\beta_4 = -0.005$，均在 1% 的水平上显著。根据中介效应检验的步骤，可知能源强度在互联网发展对绿色全要素生产率的影响中存在部分中介效应。这一结论与前面的基准回归保持一致，说明中介效应检验结果的稳健性。

进一步可以计算出中介效应为 $\beta_2 \times \beta_4 = 0.0011015$，而总效应为 $\beta_1 =$

0.0277，因此，中介效应占总效应的比重为 3.98%。与基准回归相比，中介效应占比有所下降，是由于采用工具变量法估计中介效应模型克服了模型的内生性问题，使总效应和中介效应的估计值都得到了提高，并且总效应提高的幅度更大。因此，工具变量法的估计结果更可行。注意到上述回归结果中解释变量对中介变量以及中介变量对被解释变量的影响系数 β_2 与 β_4 都为负值，说明互联网发展有利于降低能耗强度，而降低能耗强度有助于提高绿色全要素生产率，这一结果与基准回归同样保持一致。

　　表 7-10 为以二氧化硫、废水、烟粉尘的排放强度为中介变量的两阶段最小二乘回归结果。模型 26 为未加入中介变量的回归结果，对应中介效应检验的第一步；模型 27、模型 29、模型 31 分别表示三个中介变量 $WRQD_{so_2}$、$WRQD_{feishui}$ 及 $WRQD_{yanchen}$ 对解释变量 INT 的回归，对应中介效应检验的第二步；模型 28、模型 30 及模型 32 分别表示加入三个中介变量后的回归结果，对应中介效应检验的第三步。根据第一阶段的回归结果可知，工具变量与解释变量高度相关，所有模型均通过了工具变量的不可识别检验和弱工具变量检验，满足相关性和外生性要求，说明工具变量的选择是合理的。进一步根据中介效应的检验步骤，发现 β_1、β_2、β_3、β_4 均显著，三个中介变量均符合部分中介条件，总效应 $\beta_1 = 0.0379$，二氧化硫、废水、烟粉尘排放强度的中介效应 $\beta_2 \times \beta_4$ 分别为 $-0.0074 \times (-1.9889)$、$-0.0006 \times (-4.1063)$、$-0.0021 \times (-1.0534)$，即 0.01471786、0.00246378、0.00221214，因此，二氧化硫、废水、烟粉尘排放强度的中介效应占总效应的比重分别为 38.8%、6.5%、5.8%。

　　与基准回归相比，中介效应占总效应的比重稍有变化，同样是因为采用工具变量法克服了模型的内生性带来的估计偏差，因此结论更加合理。由工具变量回归结果，发现互联网发展能够通过降低能耗强度和污染强度提高城市绿色全要素生产率，单位 GDP 能耗、单位 GDP 二氧化硫排放、单位 GDP 废水排放及单位 GDP 烟粉尘排放在互联网对绿色全要素生产率的影响中都具有部分中介效应，两阶段最小二乘回归与基准回归结果基本一致，说明节能减排中介效应的实证检验结论具有稳健性。

7.6　本章小结

　　本章为互联网发展对绿色全要素生产率的影响机制检验。在第 3 章理论分析的基础上，利用中介效应模型，从技术创新、产业升级和节能减排三个方面实证检验互联网发展对绿色全要素生产率的影响机制。在每种中介效应的实证检验中，首先采用面板固定效应模型进行基准回归，再利用两阶段最小二乘法进行稳健性检验，两种检验方法均得到了基本一致的结论，即技术创新、产业升级、节能减排在互联网发展对绿色全要素生产率的影响中都具有部分中介效应，说明上述实证检验结论的稳健性。具体来说，互联网发展通过提高城市技术创新能力、推动产业升级、降低能源强度、降低二氧化硫、废水、烟粉尘排放强度 6 种渠道影响绿色全要素生产率。技术创新、产业升级、单位 GDP 用电量、单位 GDP 二氧化硫排放、单位 GDP 废水排放、单位 GDP 烟粉尘排放 6 种中介效应占总效应的比重分别为 24.1%、8.9%、4%、38.8%、6.5% 和 5.8%。可见，互联网发展主要通过降低单位 GDP 二氧化硫排放及提高技术创新能力两种渠道影响城市绿色全要素生产率。

第8章

优化互联网发展促进我国经济高质量增长的政策建议

实现经济高质量增长是我国经济进入新发展阶段以来追求的目标，而绿色全要素生产率是反映经济高质量增长的重要指标。绿色全要素生产率符合以技术进步为核心的内生增长理论，同时也体现了可持续发展理念。提高绿色全要素生产率是实现我国经济健康、可持续发展的必然选择，同时也是我国生态文明建设的目标。如何提高城市绿色全要素生产率是我国当今面临的一个重大课题。互联网自 20 世纪 90 年代开始进入我国，经过短短 20 多年的发展，取得了巨大的发展，已经渗透到我国经济社会的各行各业，深刻影响了我国的经济社会发展。由本书的研究结论可知，互联网发展对我国绿色全要素生产率产生了显著的促进作用，互联网已成为我国经济高质量增长的新引擎。那么，如何更好发挥互联网技术手段的优势实现我国经济的高质量增长呢？结合本书的研究结论，拟从以下六个方面提出相关政策建议。

8.1 政府大力推动互联网基础设施建设，消除地区间的"数字鸿沟"

要发挥好互联网对我国绿色全要素生产率的促进作用，首先必须大力推动互联网相关的基础设施建设。近年来，我国互联网基础设施建设突飞猛进，取得了快速发展，特别是 2013 年 8 月我国提出了"宽带中国"战略实施方案，"光进铜退"逐渐普及，"宽带 + 光纤"逐渐成为城乡互联网传输设备的标准化配置，我国互联网传输速度有了大幅度的提高。而从 2019 年 10 月 31 日开始，我国的 5G 建设正式启动，到 2021 年 6 月，我国已经建成 96.1 万座 5G 基站，5G 手机终端连接数达 3.65 亿户。5G 技术的应用为我国经济高质量发展创造了条件。此外，我国在 2020 年 3 月提出实施包括 5G 基站建设为代表的"新基建"将进一步提高我国互联网基础设施的水平。

根据本书对我国 2003 ~ 2016 年互联网发展水平的测度，我国互联网发展水平尽管取得了巨大进步，但是互联网发展水平还存在明显的区域差异，其中，东部地区互联网发展指数远远超过中部、西部地区，互联网发展的"数字鸿沟"现象仍然突出。此外，我国互联网发展的城乡差异尽管有了较大下降，但还是差距明显，根据中国互联网络信息中心（CNNIC）的统计，截至 2021 年 6 月，我国城镇地区互联网普及率为 78.3%，而农村地区互联网普及率为 59.2%，城乡之间互联网普及率的差距为 19.1%。同时，在关于非网民的调查中，除了个体文化程度和年龄因素外，网络资费和网速也是一个重要的因素，因为这将直接影响人们的可接受度和上网体验。因此，政府部门一方面要加大我国中西部地区和农村地区的互联网基础设施建设，另一方面要继续采取措施促进网络提速降费，降低人们的网络使用成本，提高人们上网的效率。2020 年 10 月党的十九届五中全会通过了《中共中央关于制定国民经济和社会发展第十四个五年规划和二〇三五年远景目标的建议》，提出要加快数字化发展，发展数字经济，推进数字产业化和产业数字化，推动数字经济和实体经济深度融合。这将从国家发展战略层面有力促进我国互联网基础设施建设并推动互联网的区域均衡发展，为更好地利用互联网手段提升城市绿色全要素生产率奠定基础。

8.2　企业积极融入"互联网 + 制造"，不断提高城市技术创新能力

企业是技术创新的主体，也是能源消耗和污染排放的主体。互联网发展有利于提高产学研合作效率，降低合作成本，提高城市技术创新能力。根据本书研究结论，互联网发展有利于提高城市技术创新能力，从而促进绿色全要素生产率的提高。要充分发挥互联网的技术创新效应，有赖于互联网与企业生产过程的良好融合，即通过"互联网 + 制造"的融合发展，推动企业技术进步。"互联网 +"具有跨界融合、创新驱动、重塑结构、开放生态、连接一切的特征，传统制造业企业利用基于互联网技术的云计算、物联网、大数据为代表的新一代信息技术实现与外部环境的信息共享，从而促进企业的融合创新。我国政府对"互联网 + 制造业"的高度重视。2015《政府工作报告》中提出制定"互联网 +"行动计划；党的十九大报告中提出"推进互联网、大数据、人工智能和实体经济深度融合"。企业借助"互联网 +"能够实现从"重资产"向"轻资产"的转型，从而降低行业进入门槛，有利于企业创新发展。为了助推企业的"互联网 + 制造"，政府要为制造业企业的数字化转型创造条件，为制造业企业提供良好的网络基础设施。

制造业企业是地区能源消耗和污染排放的重要来源，而提高制造业企业的绿色技术创新能力是降低能源消耗和污染排放的有效途径。根据本书的研究，互联网发展对城市绿色技术进步具有抑制作用，而对绿色技术效率具有促进作用，可见我国制造业企业运用互联网促进绿色技术进步还存在较大的不足。出现这一结果可能与企业对清洁生产技术的重视程度不够有关，在产品研发过程中可能更多关注新产品的利润和市场规模，而对新技术带来的能源消耗和环境污染关注不够。因此，政府相关部门在对企业新技术的评估上要更多地注重绿色技术含量，比如通过在政策上对企业的绿色技术发明专利给予更多的研发费用支持，或者对不同类型的发明专利按照对环境的影响大小采取差异化的奖励政策，以此引导企业加大对绿色发明专利的重视程度。

互联网从 20 世纪初开始在我国快速发展，但主要应用于消费领域，在

工业领域的应用仍然是比较有限，因此互联网发展对我国制造业技术进步的推动作用并未充分体现。我国制造业企业的绿色技术进步水平较低也与我国工业互联网的发展相对滞后有关。在今后一段时期，要大力推进信息化与工业化深度融合，通过先进的互联网信息技术改造提升传统产业，实现制造业的绿色技术进步。

在互联网时代，制造业企业的技术创新模式已经由传统的"封闭创新"转为"开放创新"，这就需要企业运用互联网技术对生产制造的各个环节进行智能化升级改造，打通企业从研发设计、生产制造到营销服务等各个环节，充分整合利用企业内外部的各种知识、技术和人才资源，实现创新成果的最大化。企业可以利用基于互联网的 App、二维码、微信公众号等工具获得对企业有利的大数据，并通过云计算、物联网应用到企业生产制造过程中，实现与客户和用户的快速沟通，及时获取对企业有用的信息，并快速地推动产品的改进和技术创新。由于互联网具有信息快速、低成本传播的特点，各个创新主体的思想、知识和经验可以迅速地在企业与各利益相关者之间进行传播，在互联网的网络效应作用下，产生显著的知识和技术的溢出效应，从而降低企业的创新成本。而在企业的技术创新过程中，要遵循绿色、低碳、可持续发展的理念，不断开发清洁生产技术，构建绿色制造体系，降低能源消耗和污染排放，提高能源效率；要走循环经济发展的道路，通过资源的循环利用提高资源利用效率，实现节约资源的目标。

尽管企业是城市技术创新的主体，但是仅依靠企业自身的努力是不够的，城市创新能力的提高需要产学研各方的共同努力。因此，要建立有效的激励约束机制，需要充分发挥企业、高等院校和科研院所的优势，通过互联网的快速低成本连接，促进产学研各方信息的及时有效沟通，实现协同创新的目标。在这个过程中，需要政府进行适当的引导并协调好各方的利益，充分调动各方的积极性，提高技术创新效率。

8.3　利用互联网技术推动服务业发展，加快产业升级步伐

服务业按其服务对象不同分为生产性服务业和消费性服务业。生产性服务业是为生产和服务提供中间产品的服务，主要包括金融、交通运输、

信息传输与计算机服务、科学技术、商务服务等行业；消费性服务业主要为最终消费提供服务，包括教育、医疗保健、房地产、零售、住宿餐饮、旅游、文化娱乐等相关行业。服务业具有生产和消费的同步性特征，互联网具有天然的连接一切的属性，因此互联网在服务业中具有广泛的应用，同时，不断催生以共享经济为代表的新型商业模式，为更多人提供就业机会。

我国近年来数字经济的快速发展主要得益于互联网在旅游、餐饮、零售、金融、保险、教育、医疗、交通、物流等服务业的充分应用。根据中国信息通信研究院发布的《中国数字经济发展白皮书（2021 年)》，2020 年我国数字经济增加值规模达到 39.2 万亿元，占 GDP 比重达到 38.6%，数字经济名义增长率达 9.7%，高于同期 GDP 名义增速约 6.7 个百分点。其中，产业数字化规模达 31.7 万亿元，占 GDP 比重为 80.9%，而服务业，工业，农业数字经济渗透率分别为 40.7%、21.0% 和 8.9%，同比分别增长 2.9 个、1.6 个、0.7 个百分点，可见服务业占数字经济的比重不仅份额最高，增长率也最快。根据本书的研究，互联网的发展有助于增加第三产业的产值，提高第三产业与第二产业的产值之比，实现产业结构升级。与第二产业相比，第三产业的能源消耗和污染排放更低，因此，增加第三产业比重有利于提高城市绿色全要素生产率。

为了更好地应用互联网促进服务业发展，一是政府要加大对高速宽带、5G 基站、区域网络大数据中心等"新基建"的建设，推动互联网基础设施的更新换代，提高网络覆盖范围和传输速度，同时提供更加便捷的公共信息服务平台，创新利用移动互联网的新功能实现"互联网＋政务"高效运转，为服务业的发展创造良好的条件。二是企业要加大信息化投入，根据产业数字化发展需要，通过组织结构扁平化及流程再造实现协同创新、不断推动制造业与服务业的融合发展。三是要加大互联网商业模式创新，充分利用互联网的长尾效应满足不同消费者的多样化需求，通过电商服务平台的网络直播、短视频等新型信息传播方式实现供给方和需求方的精准有效对接，畅通需求方与供给方的信息传递渠道，不仅向供给方传递产品需求数量信息，而且及时反馈消费者对产品质量的评价和消费体验等全面信息。四是大力推动互联网技术与传统服务业的融合，充分利用物联网、大数据、云计算、移动互联网等新一代信息技术培育数字化、智能化、网络化的服务业新业态，不断开发适合各地区发展实际的个性化特色服务产品，不断提升服务质量和用户体验。五是不同地区要采取因地制宜的服务业发展措施。作为产业发展的高级形态，服务业的发展要以地区经济发展水平的改善和人力资本的提高为基础，因此，对于我国东部发达地区来说，要着重提高服务业的智能化和高端化水平；对于广大中西部地区来说，在建立好完善的互联网基础设施的前提下，重点在于推动区域经济增长和解决人才短缺问题，要通过挖掘地方特色资源推动服务业的发展，比如利用互联网技术，开发地方特色旅游景点，发展乡村旅游，推广地方民俗文化、特色农产品等。

总之，互联网发展对服务业有巨大的促进作用，要充分发挥互联网技术的应用广度和深度，立足各地的经济发展和资源禀赋，推出适应地方发展实际、具有地方特色的服务产品，促进地方产业结构的转型升级和经济高质量发展。

8.4　借助互联网技术手段大力推进节能减排

节能减排对提升城市绿色全要素生产率具有重要意义。根据本书的研究结论，互联网能够降低能源强度和污染排放强度从而提高绿色全要素生产率，具体来说，互联网通过降低单位 GDP 用电量、单位 GDP 二氧化硫、单位 GDP 废水及单位 GDP 烟粉尘排放从而提升绿色全要素生产率，其中尤其以互联网发展对单位 GDP 二氧化硫排放的减排效果最为明显。由于二氧化硫是环境污染的重要来源，同时也是环境主管部门的重点治理对象，因此发挥好互联网对二氧化硫减排的作用对提高绿色全要素生产率尤为重要。互联网的减排效应一方面来自互联网技术的应用对企业技术进步和技术效率的改善作用，另一方面在于政府和环境主管部门通过运用互联网技术，能够有效监督企业的污染排放行为，从而防止由于企业偷排污染造成的环境破坏。因此，政府和环保部门一方面要鼓励企业积极采用互联网技术，通过产学研合作创新提高绿色技术创新能力，对企业的节能减排技术研发从政策上进行资金补贴和人才支持；另一方面环保部门要充分利用互联网的快捷、及时、精准和低成本的优点，加强对污染排放的监督和管理，运用物联网技术，及时掌握企业的污染排放情况，并将企业的污染排放情况及时向社会公布和曝光，通过媒体和公众监督来约束企业的污染排放水平。

能源消耗也是影响绿色全要素生产率的重要因素。尽管我国的能源结构正不断向清洁低碳转型，但仍然以化石能源为主。根据《中国能源统计年鉴（2020）》，2019 年我国煤炭消费比重占能源消费总量的57.7%，而水电、风电、核电，天然气等清洁能源占比仅为23.4%。由于以煤炭、石油为代表的化石能源消耗是我国污染排放的重要来源，为了降低污染排放，提高城市绿色全要素生产率，务必要减少化石能源的使用。在 2020 年的第75 次联合国大会上，我国提出力争到 2030 年实现碳达峰，2060 年实现碳中和，为了实现这一目标，同样需要政府加大清洁能源开发，增加清洁能源在我国能源消费中的占比。除了改变能源结构，提高能源使用效率也是降低污染排放的有效途径，在这方面，能源互联网（Energy Internet）受到社会的普遍关注。能源互联网由美国学者杰里米·里夫金在其著作《第三次工业革命》中提出，认为能源互联网是"基于可再生能源的分布式开放共享的网络"。能源互联网通过新能源技术和信息技术的结合，使产业链供需各环节实现有效衔接，有利于优化我国能源布局，提高能源配置效率。2016年 2 月，国家发展和改革委员会、国家能源局、工业和信息化部联合制定了《关于推进"互联网+"智慧能源发展的指导意见》，明确了我国能源互联网建设的目标，提出到 2025 年初步建成能源互联网产业体系，形成较为完备的技术和标准体系并推动实现国际化。在这方面，我国已经开始了相关项目的开发并取得了一定的成效。今后，我国各级政府要继续发挥节能减排的引导作用，大力推动互联网在能源行业的应用，在不断优化我国能源消费结构的基础上提高能源配置效应。

8.5　提高居民环保意识，推动"互联网+物流"的绿色物流体系建设

城市的能源消耗和污染排放与消费者的消费意识和消费习惯密切相关。首先，城市能源消耗与污染排放一方面来源于工业生产，另一方面来源于居民生活。当一个地区的居民都能够自觉选择节约能源和低碳环保的生活消费方式，将大大降低地区的能源消耗和污染排放水平，从而提高地区的绿色全要素生产率。另外，居民良好的环保意识对全社会或整个地区的能源消耗和污染排放将产生重要的影响，从而有效提高城市绿色全要素生产

率。绿色消费观念体现了人与自然和谐相处的可持续发展思想，与我国的生态文明建设和绿色发展理念一脉相承，有利于美丽中国建设。

居民绿色消费观念的形成受到各种因素的影响，其中主要是居民的收入水平和教育程度。一般来说，经济发达地区和教育水平较高的地区的人们往往具有更好的环保意识和节能观念。但是，人们的环保意识并不是天然形成，需要教育部门和政府相关机构的大力宣传，而在宣传方式的选择上，利用互联网进行环保知识的宣传无疑是一种便捷有效的方式。政府、学校和社区可以充分发挥互联网的作用，通过采取各种各样的方式推广绿色消费的典型事例，引导消费者逐渐养成节能环保的消费方式。一般来说，普通消费者对环保知识以及环境污染将会造成的后果往往缺乏足够的认识，需要政府、企业、媒体和环保组织利用互联网这一便捷的工具加大宣传力度，让更多的消费者逐渐养成节约资源的绿色消费方式。

相比于电视、广播、报纸等传统媒体，采用互联网进行绿色消费宣传更方便及时、成本更低。在宣传方式上，可以通过建立政府或企业以节能降耗为主题的网站加强与网民的沟通，及时曝光一些环境违法行为并进行跟踪报道，充分发挥互联网对环境污染的监督作用；通过举办绿色社区、绿色学校、绿色家庭、绿色单位的评比活动，充分调动全社会成员参与的积极性；结合世界环境日、世界地球日、世界湿地日等与环境保护相关的节日开展知识竞赛，以提高公众节能降耗的自觉性。在宣传内容上，除了提高人们的环保节能与绿色消费意识之外，还要利用互联网平台大力宣传环境保护相关法律法规，如环境保护法、水污染防治法、大气污染防治法、固体废物污染环境防治法、环境噪声污染防治法、清洁生产促进法、循环经济促进法、野生动物保护法、反食品浪费法等，使公众了解环境违法的后果，产生对环境保护法律的敬畏心理，从而对环境违法行为起到一定的预防作用。

互联网应用对我国经济发展的推动作用集中体现在电子商务的快速发展。2017 年 3 月腾讯研究院与工业和信息化部联合发布的《数字经济白皮书》显示，以互联网经济占 GDP 的比重为例，二十国集团（G20）中，发达国家平均水平为 5.5%，发展中国家平均水平为 4.9%，而我国为 6.9%，可见，我国互联网经济在全世界处于领先地位。我国互联网经济集中体现在电子商务的发展上，电子商务从 20 世纪 90 年代末在我国开始萌芽，经过 2003~2007 年的快速发展，从 2008 年开始进入创新发展期，网络交易规模不断扩大。根据商务部网络零售市场发展报告，2012 年我国电子商务零售总额占全社会消费品零售总额的比例达 6.3%，超过美国的 5%；而到 2020 年，我国网上零售额达到 11.76 万亿元，占社会消费品零售总额的 24.9%。随着以 5G 为代表的"新基建"的逐步推进，未来我国电子商务规模还将继续扩大。

电子商务的蓬勃发展带动了我国快递物流业的快速发展。一方面，消费者通过互联网的线上下单、支付及智慧物流系统能够便捷地完成自己的购买行为，为人们生活带来了极大的便利。另一方面，快递物流行业的快速发展造成了能源和包装材料消耗的迅速增加，由于大量包装材料不可降解，包装废弃物的随意处理对环境造成了巨大的危害，对城市绿色全要素生产率产生了显著的抑制作用。为了降低电子商务发展对我国资源消耗和环境污染的不利影响，一是政府部门要加强绿色物流体系建设的宣传，提高电商企业的环保责任意识。二是政府相关部门除了要求企业在产品包装中遵循"减量化、再循环、再利用"的"3R"原则以外，还要不断完善我国绿色包装的相关法律法规，对产品生产企业包装材料的选择做出明确规定，禁止使用可能危害环境的不可降解包装材料。政府也可以通过推广绿色包装标识，禁止不具备绿色包装标识的产品在市场流通的办法倒逼企业采用绿色包装，以降低产品包装对环境的影响。三是借助先进的导航技术合理规划运输路线，避免拥堵路段，采用共同配送、多式联运等方式集中配送产品，以提高运输效率、降低能耗，在运输工具的选择上，尽量选择新能源汽车，以降低运输过程对环境的影响。四是包装废弃物的回收方面，可以借鉴国外的经验，如设立固定回收点、采用押金返还制度等，以提高包装废弃物的回收利用效率。同时，对废弃物的处理要注意分类筛选分类处理，避免简单填埋或焚烧而造成对环境的二次污染。

电子商务的快速发展不仅给人们生活带来了极大的便利，提高了人们生活的幸福指数，同时有力促进了我国经济增长。但是我们也要尽量避免电子商务发展可能造成的资源能源大量消耗以及环境污染。为此，我们要充分应用互联网、大数据、人工智能等技术手段推动"互联网+物流"的绿色物流体系建设，从包装材料的使用、运输工具的选择、运输路线的规划到包装废弃物的回收都要遵循绿色、低碳、节能、降耗的理念，以提高我国绿色全要素生产率，推动我国经济的高质量发展。

8.6 因地制宜、分类施策、完善互联网发展的配套措施

根据本书的研究结论，互联网发展对绿色全要素生产率的影响受到城市经济发展水平、城市规模与等级、人力资本、资源禀赋、市场化程度、产业结构类型以及环境规制强度的制约。互联网发展对高收入城市、中小城市、副省级以上城市、高人力资本城市、非资源型城市、高市场化水平城市、服务业主导型城市以及"两控区"城市绿色全要素生产率的正向影响效应更大。这一结论将为政府合理运用互联网手段促进不同类型城市经济高质量发展提供启示。由于不同城市情况各异，为了更好发挥互联网发展对绿色全要素生产率的促进作用，需要结合城市实际情况，制定具体的互联网发展措施。首先，对于人均收入相对较低的城市，为了更好地发挥互联网的作用，需要大力发展经济，不断改善营商环境，促进资源的优化配置，从而提高人们的收入水平；其次，人力资本也是制约互联网发展对绿色全要素生产率促进效应的重要因素，因此，对于人力资本相对落后的地区，在加快网络基础设施建设的同时，要不断提高地区的教育科技投入，加大人才的引进力度，为劳动力的再就业提供免费培训，从而更好发挥互联网发展对绿色全要素生产率的促进作用。在资源禀赋和产业结构类型方面，互联网发展对非资源型城市和服务型城市绿色全要素生产率的影响更大，说明资源型城市实现绿色发展不能依赖通过互联网基础设施的完善实现，而是需要通过产业结构的优化升级，大力发展服务型经济。对于市场化程度较低的城市，互联网发展对绿色全要素生产率的促进作用同样受到抑制，为此，必须加大这些城市的市场化改革进程，大力扶持民营经济发展，努力克服各种制约要素流动的体制机制障碍，促进各类资源的合理配置。此外，环境规制强度也是影响互联网发展对绿色全要素生产率促进效应的重要因素。为了更好促进互联网对城市绿色发展的推动作用，需要适当提高城市环境规制强度。这一点对中西部城市有着特殊的意义，意味着这些城市在招商引资和承接东部发达地区的产业转移过程中，要提高环境标准，限制高能耗高污染的产业流入。

根据本书对互联网发展门槛效应的检验结果，我国互联网普及率已远

远超过互联网发展对绿色全要素生产率产生网络效应的临界值，说明利用互联网促进我国经济高质量增长已经具备良好的基础。因此，各级政府要积极主动把握机遇，最大限度地发挥互联网的积极作用，克服不利影响，从而更好推动我国城市经济的绿色可持续发展。

第9章　结论与展望

本书在对互联网发展和绿色全要素生产率的相关文献进行全面梳理的基础上，借鉴环境经济学、信息经济学的相关理论，首先从理论层面分析了互联网发展对绿色全要素生产率的影响。然后，分别利用主成分分析法和基于 SBM 的全局 Malmquist-Luenberger 指数测算了我国 282 个城市 2003～2016 年的互联网发展水平和绿色全要素生产率。在此基础上，以我国 255 个地级以上城市作为研究对象，分别构建静态面板模型和动态面板模型，运用固定效应回归和系统广义矩估计法，从全国、分地区、分时段三个方面实证检验了互联网发展对绿色全要素生产率及其分解的影响效应。本书根据样本城市的不同属性，分别从经济发展、城市规模与等级、人力资本、资源禀赋、市场化程度、产业结构类型及环境规制强度七个方面实证检验了互联网发展对城市绿色全要素生产率的异质性影响，同时检验了互联网发展对绿色全要素生产率的网络效应及滞后效应；利用中介效应模型，分别从技术创新、产业升级和节能减排三个方面实证检验了互联网发展对绿色全要素生产率的影响渠道。最后，本书根据理论分析和实证检验结果提出了优化互联网发展提高绿色全要素生产率的政策建议。

本书的研究结论主要包括四点。

（1）基于我国 282 个地级以上城市 2003～2016 年的相关数据，对其互联网发展水平和绿色全要素生产率进行了测度，结果如下：互联网发展水平总体呈上升趋势，分区域来看，东部地区的互联网发展水平最高，而中部地区最低；在具体城市层面，按照互联网发展综合指数排名，排名前 10 位的城市分别为深圳、东莞、北京、中山、广州、珠海、上海、厦门、佛山、杭州。此外，我国城市绿色全要素生产率指数同样呈稳步增长趋势，从绿色全要素生产率增长的来源看，绿色技术进步与绿色技术效率同时推动了我国绿色全要素生产率的提高，并且绿色技术效率的贡献更大；分地区来看，东部、中部、西部地区的绿色全要素生产率指数差异并不大，而按照绿色全要素生产率指数均值排名为：西部 > 中部 > 东部；在绿色全要素生产率的分解方面，东部地区的绿色技术进步指数最高、中部最低；而绿色技术效率指数则西部地区最高、东部地区最低。

（2）基于全国 255 个地级以上城市 2003 ~ 2016 年的面板数据，从全国、分地区、分时段三个方面探讨了互联网发展对绿色全要素生产率及其分解的影响效应，发现：不论是采用静态面板模型还是采用动态面板模型，回归结果均显示互联网发展对城市绿色全要素生产率有显著正向影响，并且这一影响效应主要通过互联网发展促进绿色技术效率提升来实现。分地区讨论，互联网发展对我国东部、中部、西部地区绿色全要素生产率的影响效应存在显著差异，互联网发展对我国东部和中部地区绿色全要素生产率具有显著的正向影响，而对西部地区的正向影响显著性较低，总体而言，表现为"中部 > 东部 > 西部"的态势。分时段比较，以电信 3G 和 4G 网络开通时间为界，将研究时段分成 2003 ~ 2008 年、2009 ~ 2013 年、2014 ~ 2016 年三个时间段，发现互联网发展对城市绿色全要素生产率的影响效应在 2014 ~ 2016 年这一时段最大，其次为 2009 ~ 2013 年时段，而在 2003 ~ 2008 年互联网发展对绿色全要素生产率没有显著影响。稳健性检验结论与基准回归保持一致。控制变量方面，根据全国层面回归结果，经济发展水平、环境规制、市场化程度和研发投入对绿色全要素生产率具有显著的正向影响，而产业结构、过大的政府规模对绿色全要素生产率具有显著负向影响，外商投资水平对绿色全要素生产率的影响不显著。

（3）进一步从异质性影响、网络效应和滞后效应三个方面就互联网发展对城市绿色全要素生产率的影响进行了拓展分析。按照城市的不同属性，采用动态面板模型，分别从经济发展水平、城市规模与等级、人力资本、资源禀赋、市场化程度、产业结构类型及环境规制七个方面探讨了互联网发展对绿色全要素生产率的异质性影响，结果如下：互联网发展对高收入城市、中小城市、副省级以上城市、高人力资本城市、非资源型城市、高市场化水平城市、服务业主导型城市、"两控区"城市绿色全要素生产率的正向影响更显著，并且都是通过改善绿色技术效率来提升绿色全要素生产率。运用面板门槛模型实证检验了互联网发展对绿色全要素生产率的网络效应，以互联网普及率为门槛变量，经门槛效应检验发现互联网发展对绿色全要素生产率的影响存在双门槛效应，在互联网普及率小于等于 23.7% 时，互联网发展对绿色全要素生产率的影响系数为 0.0103；当互联网普及率大于 23.7%但小于 42.5%时，互联网发展对绿色全要素生产率的影响系数变为 0.0105；而当互联网普及率大于等于 42.5%时，互联网发展对绿色全要素生产率的影响显著提高，其影响系数变为 0.0369，可见互联网发展对绿色全要素生产率的影响存在网络效应。使用动态面板模型检验了互联网发展对绿色全要素生产率的滞后效应，发现互联网发展对绿色全要素生产率的滞后效应并不明显，但对绿色技术进步及绿色技术效率的滞后效应都是显著的，其中对绿色技术进步的滞后效应为负，对绿色技术效率的滞后效应为正。

（4）根据互联网发展对绿色全要素生产率的影响机理，利用中介效应模型，分别从技术创新、产业升级和节能减排三个方面实证检验互联网发展对绿色全要素生产率的影响渠道。结果发现：无论是采用面板固定效应模型进行基准回归，还是采用两阶段最小二乘法进行稳健性检验，均得到基本一致的结论，即技术创新、产业升级、节能减排均为互联网发展影响绿色全要素生产率的中介变量。具体来说，互联网发展通过提高城市技术创新能力、推动产业升级、降低能源强度、降低二氧化硫及废水和烟粉尘排放强度等渠道影响绿色全要素生产率，且都具有部分中介效应。技术创新、产业升级、单位 GDP 用电量、单位 GDP 二氧化硫排放、单位 GDP 废水排放、单位 GDP 烟粉尘排放六种中介效应占总效应的比重分别为 24.1%、8.9%、4%、38.8%、6.5%、5.8%。可见，互联网发展对城市绿色全要素生产率的间接影响主要是通过降低单位 GDP 二氧化硫排放以及提高城市技术创新能力实现。

最后，基于本书的研究结论和我国互联网与绿色全要素生产率的发展现状，提出了优化互联网发展、推动我国经济高质量增长的政策建议。

本研究基于我国城市层面数据，针对我国互联网发展对绿色全要素生产率的影响效应和机制进行了全面深入分析。本书分别从静态和动态角度探讨了互联网发展对全国、不同区域和不同时段的影响效应，并进行了多种异质性影响分析及网络效应及滞后效应的检验，同时探讨了互联网发展对绿色全要素生产率的三种影响渠道，丰富了环境经济学及信息经济学相关领域的研究成果。然而，受自身研究能力及客观条件的影响，本研究还存在一些不足之处，需要在以后的研究中继续完善。

第一，受数据所限，本研究选择的时间范围截止到 2016 年。本研究数据主要来源于《中国城市统计年鉴》，而该年鉴中固定资产投资这一指标只统计到 2016 年，同时城市"三废"排放数据从 2003 年开始，而这两个指标对于计算城市绿色全要素生产率是必不可少的，因此本研究选择的研究时段只能选择 2003～2016 年，未能覆盖更长时间范围。2017 年以来，随着我国互联网数字经济的快速发展及生态文明建设的推进，互联网发展对绿色全要素生产率的影响可能有一些新的变化，而本研究结果并未能将这些新情况反映出来，不得不说是一个很大的遗憾。

第二，同样受数据所限，互联网基础设施只有省级层面数据，缺乏城市层面的互联网基础设施投资数据，所以本书选择从互联网应用角度衡量互联网发展水平，即将互联网普及率、移动互联网用户数、互联网从业人员占比及人均电信业务量四个指标通过主成分分析法折算为互联网综合指数来代表城市互联网发展水平。尽管本书也认同这种互联网发展水平的衡量方法，但是如果能够同时从互联网基础设施和互联网应用角度测度互联网发展水平，并探讨其对绿色全要素生产率的影响，无疑会增强研究结论的说服力。

作为一种强大的信息传播工具，互联网对我国经济社会生活的影响是全方位多层次的，随着相关研究数据的不断完善，关于互联网发展对我国绿色全要素生产率的影响研究将会不断深入，今后可以考虑从更小的空间范围，如县域层面或行业和企业层面研究互联网发展对绿色全要素生产率的影响，可能会得到一些更有价值的研究结论。在研究方法的选择上，考虑到互联网发展对绿色全要素生产率的影响可能存在跨区域的空间关联性和溢出效应，今后也可以利用空间计量方法从空间视角研究互联网发展对绿色全要素生产率的影响及空间溢出效应。此外，关于互联网发展对绿色全要素生产率的影响渠道，除了本书提到的技术创新、产业升级和节能减排以外，是否还存在其他的影响渠道，有待通过实证予以检验，这将是笔者下一步重点关注的问题。

参 考 文 献

[1] 蔡跃洲，张钧南. 信息通信技术对中国经济增长的替代效应与渗透效应 [J]. 经济研究，2015（12）：100-114.

[2] 陈玉和. 我国信息要素与经济增长关系的区域差异性分析——基于中国2001~2012年Panel Data的经验分析 [J]. 工业技术经济，2013（12）：96-100.

[3] 陈亮，李杰伟，徐长生. 信息基础设施与经济增长——基于中国省际数据分析 [J]. 管理科学，2011（1）：98-107.

[4] 陈诗一. 能源消耗、二氧化碳排放与中国工业的可持续发展 [J]. 经济研究，2009（4）：41-55.

[5] 陈诗一. 中国的绿色工业革命：基于环境全要素生产率视角的解释（1980—2008）[J]. 经济研究，2010（11）：21-58.

[6] 陈永伟，胡伟民. 价格扭曲、要素错配和效率损失：理论和应用 [J]. 经济学（季刊），2011（4）：1401-1422.

[7] 陈玉桥. 省域环境技术效率空间视角分析 [J]. 南方经济，2013（10）：64-76.

[8] 陈阳，唐晓华. 制造业集聚对城市绿色全要素生产率的溢出效应研究——基于城市等级视角 [J]. 财贸研究，2018，29（1）：1-15.

[9] 陈庆江，杨蕙馨，焦勇. 信息化和工业化融合对能源强度的影响——基于2000-2012年省际面板数据的经验分析 [J]. 中国人口·资源与环境，2016，26（1）：55-63.

[10] 陈强. 高级计量经济学及Stata应用（第二版）[M]. 北京：高等教育出版社，2014.

[11] 陈超凡. 中国工业绿色全要素生产率及其影响因素——基于ML生产率指数及动态面板模型的实证研究 [J]. 统计研究，2016，33（3）：53-62.

[12] 程中华，刘军．信息化对工业绿色增长的影响效应 [J]．中国科技论坛，2019（6）：95－101.

[13] 邓华，段宁．信息产业发展对能源消耗的影响研究初探 [J]．科学学与科学技术管理，2004（7）：97－100.

[14] 范丹．经济转型视角下中国工业行业环境全要素生产率及增长动力分析 [J]．中国环境科学，2015，35（10）：3177－3186.

[15] 樊茂清，郑海涛，孙琳琳，任若恩．能源价格、技术变化和信息化投资对部门能源强度的影响 [J]．世界经济，2012（5）：22－45.

[16] 冯湖，张璇．中国互联网发展的区域差异与政策治理 [J]．北京科技大学学报（社会科学版），2011，27（3）：150－157.

[17] 郭家堂，骆品亮．互联网对中国全要素生产率有促进作用吗？[J]．管理世界，2016（10）：34－49.

[18] 韩晶，孙雅雯，陈超凡，蓝庆新．产业升级推动了中国城市绿色增长吗？[J]．北京师范大学学报（社会科学版），2019（3）：139－151.

[19] 韩宝国，朱平芳．宽带对中国经济增长影响的实证分析 [J]．统计研究，2014（10）：49－54.

[20] 何仲，吴梓栋，陈霞，吕延杰．宽带对我国国民经济增长的影响 [J]．北京邮电大学学报（社会科学版），2013（1）：82－86.

[21] 胡剑锋．信息化资本对能源强度的影响研究——基于我国省际面板数据的实证分析 [J]，中国经济问题，2010（4）：26－32.

[22] 胡晓琳．中国省际环境全要素生产率测算、收敛及其影响因素研究 [D]．南昌：江西财经大学，2016.

[23] 黄群慧，余泳泽，张松林．互联网发展与制造业生产率提升：内在机制与中国经验 [J]．中国工业经济，2019（8）：5－23.

[24] 惠树鹏，王森．基于多重约束的两化融合对工业绿色全要素生产率的影响研究 [J]．软科学，2018，32（12）：35－39.

[25] 贾根良．第三次工业革命与工业智能化 [J]．中国社会科学，2016（6）：87－106.

[26] 姜涛，任荣明，袁象．我国信息化与区域经济增长关系实证研究——基于区域差异的面板数据分析 [J]．科学学与科学技术管理，2010（6）：120－125.

[27] 荆文君，孙宝文．数字经济促进经济高质量发展：一个理论分析

框架 [J]. 经济学家, 2019 (2): 66 - 73.

[28] 柯善咨, 赵曜. 产业结构、城市规模与中国城市生产率 [J]. 经济研究, 2014, 49 (4): 76 - 88, 115.

[29] 匡远凤, 彭代彦. 中国环境生产效率与环境全要素生产率分析 [J]. 经济研究, 2012 (7): 62 - 74.

[30] 李海舰, 田跃新, 李文杰. 互联网思维与传统企业再造 [J]. 中国工业经济, 2014 (10): 135 - 146.

[31] 李小胜, 余芝雅, 安庆贤. 中国省际环境全要素生产率及其影响因素分析 [J]. 中国人口·资源与环境, 2014, 24 (10): 17 - 23.

[32] 李小胜, 宋马林. 环境规制下的全要素生产率及其影响因素研究 [J]. 中央财经大学学报, 2015 (1): 92 - 98.

[33] 李谷成, 范丽霞, 闵锐. 资源、环境与农业发展的协调性——基于环境规制的省级农业环境效率排名 [J]. 数量经济技术经济研究, 2011, 28 (10): 21 - 36, 49.

[34] 李斌, 祁源, 李倩. 财政分权、FDI 与绿色全要素生产率——基于面板数据动态 GMM 方法的实证检验 [J]. 国际贸易问题, 2016 (7): 119 - 129.

[35] 李雷鸣, 贾江涛. 信息化与能源效率的关系研究 [J]. 中国石油大学学报 (自然科学版), 2011, 35 (5): 163 - 172.

[36] 李兵, 李柔. 互联网与企业出口: 来自中国工业企业的微观经验证据 [J]. 世界经济, 2017 (7): 102 - 125.

[37] 李卫兵, 刘方文, 王滨. 环境规制有助于提升绿色全要素生产率吗? ——基于两控区政策的估计 [J]. 华中科技大学学报 (社会科学版), 2019, 33 (1): 72 - 82.

[38] 李寿国, 宋宝东. 互联网发展对碳排放的影响——基于面板门槛模型的实证研究 [J]. 生态经济, 2019, 35 (11): 33 - 36.

[39] 李江龙, 徐斌. "诅咒"还是"福音": 资源丰裕程度如何影响中国绿色经济增长? [J]. 经济研究, 2018, 53 (9): 151 - 167.

[40] 李虹, 邹庆. 环境规制、资源禀赋与城市产业转型研究——基于资源型城市与非资源型城市的对比分析 [J]. 经济研究, 2018, 53 (11): 182 - 198.

[41] 李玲, 陶锋. 中国制造业最优环境规制强度的选择——基于绿色

全要素生产率的视角 [J]. 中国工业经济, 2012 (5): 70 –82.

[42] 刘文新, 张平宇. 中国互联网发展的区域差异分析 [J]. 地理科学, 2003, 23 (4): 398 –407.

[43] 刘桂芳. 中国互联网区域差异的时空分析 [J]. 地理科学进展, 2006 (4): 108 –117.

[44] 刘生龙, 胡鞍钢. 基础设施的外部性在中国的检验: 1988—2007 [J]. 经济研究, 2010 (3): 4 –15.

[45] 刘姿均, 陈文俊. 中国互联网发展水平与经济增长关系实证研究 [J]. 经济地理, 2017 (8): 108 –114.

[46] 刘华军, 杨骞. 资源环境约束下中国 TFP 增长的空间差异和影响因素 [J]. 管理科学, 2014, 27 (5): 133 –144.

[47] 刘湖, 张家平. 互联网使用、电力消费与经济增长关系研究 [J]. 西北工业大学学报 (社会科学版), 2016, 36 (1): 44 –51.

[48] 刘赢时, 田银华, 罗迎. 产业结构升级、能源效率与绿色全要素生产率 [J]. 财经理论与实践, 2018, 39 (1): 118 –126.

[49] 刘传明, 马青山. 网络基础设施建设对全要素生产率增长的影响研究——基于 "宽带中国" 试点政策的准自然实验 [J]. 中国人口科学, 2020 (3): 75 –88.

[50] 卢福财, 刘林英, 徐远彬. 互联网发展对工业绿色全要素生产率的影响研究 [J]. 江西社会科学, 2021, 41 (1): 39 –50.

[51] 陆铭, 向宽虎, 陈钊. 中国的城市化和城市体系调整: 基于文献的评论 [J]. 世界经济, 2011, 34 (6): 3 –25.

[52] 梅国平, 甘敬义, 朱清贞. 资源环境约束下我国全要素生产率研究 [J]. 当代财经, 2014 (7): 13 –20.

[53] 齐亚伟, 陶长琪. 我国区域环境全要素生产率增长的测度与分解——基于 Global Malmquist-Luenberger 指数 [J]. 上海经济研究, 2012, 24 (10): 3 –13, 36.

[54] 邱娟, 汪明峰. 进入 21 世纪以来中国互联网发展的时空差异及其影响因素分析 [J]. 地域研究与开发, 2010, 29 (5): 28 –32.

[55] 曲衍波, 王霞, 王世磊, 朱伟亚, 平宗莉, 王森. 环渤海地区城市规模扩张与质量增长的时空演变及耦合特征 [J]. 地理研究, 2021, 40 (3): 762 –778.

［56］单豪杰.中国资本存量 K 的再估算：1952—2006 年 ［J］.数量经济技术经济研究，2008，25（10）：17－31.

［57］申晨，贾妮莎，李炫榆.环境规制与工业绿色全要素生产率 ［J］.研究与发展管理，2017，29（2）：144－154.

［58］沈裕谋，张亚斌.两化融合对中国工业绿色全要素生产率的影响研究 ［J］.湖南科技大学学报（社会科学版），2014，17（3）：70－77.

［59］沈利生，唐志.对外贸易对我国污染排放的影响——以二氧化硫排放为例 ［J］.管理世界，2008（6）：21－29，187.

［60］沈可挺，龚健健.环境污染、技术进步与中国高耗能产业——基于环境全要素生产率的实证分析 ［J］.中国工业经济，2011（12）：25－34.

［61］石风光.中国省区工业绿色全要素生产率影响因素分析——基于SBM 方向性距离函数的实证分析 ［J］.工业技术经济，2015，34（6）：137－144.

［62］宋长青，刘聪粉，王晓军.中国绿色全要素生产率测算及分解：1985－2010 ［J］.西北农林科技大学学报（社会科学版），2014（3）：120－127.

［63］苏任刚，赵湘莲，胡香香.普惠金融能成为促进中国产业结构优化升级的新动能吗？——基于互联网发展的机制分析 ［J］.技术经济，2020（4）：39－52.

［64］孙早，刘李华.信息化提高了经济的全要素生产率吗？——来自中国 1979－2014 年分行业面板数据的证据 ［J］.经济理论与经济管理，2018（5）：5－18.

［65］孙琳琳，郑海涛，任若恩.信息化对中国经济增长的贡献：行业面板数据的经验证据 ［J］.世界经济，2012（2）：3－25.

［66］唐建荣，卢玲珠.低碳约束下的物流效率分析——以东部十省市为例 ［J］.中国流通经济，2013，27（1）：40－47.

［67］田刚，李南.中国物流业技术进步与技术效率研究 ［J］.数量经济技术经济研究，2009，26（2）：76－87.

［68］田银华，贺胜兵，胡石其.环境约束下地区全要素生产率增长的再估算：1998—2008 ［J］.中国工业经济，2011（1）：47－57.

［69］涂正革，肖耿.中国的工业生产力革命——用随机前沿生产模型对中国大中型工业企业全要素生产率增长的分解及分析 ［J］，经济研究，

2005（3）：4－15.

[70] 涂正革. 环境、资源与工业增长的协调性 [J]. 经济研究，2008（2）：93－105.

[71] 涂正革，肖耿. 环境约束下的中国工业增长模式研究 [J]，世界经济，2009（11）：41－54.

[72] 汪锋，解晋. 中国分省绿色全要素生产率增长率研究 [J]. 中国人口科学，2015（2）：53－127.

[73] 汪明峰，邱娟. 中国互联网用户增长的省际差异及其收敛性分析 [J]. 地理科学，2011，31（1）：42－48.

[74] 汪东芳，曹建华. 互联网发展对中国全要素能源效率的影响及网络效应研究 [J]. 中国人口·资源与环境，2019，29（1）：86－95.

[75] 王如渊，金波. 中国互联网发展的地域结构研究 [J]. 人文地理，2002，17（6）：89－92.

[76] 王恩海，孙秀秀，钱华林. 中国互联网发展的差异研究 [J]. 统计研究，2006（8）：41－44.

[77] 王子敏，潘丹丹. 中国区域互联网发展水平测度与收敛性分析 [J]. 统计与决策，2018（8）：86－89.

[78] 王娟. "互联网＋"与劳动生产率：基于中国制造业的实证研究 [J]. 财经科学，2016（11）：91－98.

[79] 王铮，庞丽，腾丽，吴静. 信息化与省域经济增长研究 [J]. 中国人口·资源与环境，2006（1）：35－39.

[80] 王兵，吴延瑞，颜鹏飞. 环境管制与全要素生产率增长：APEC的实证研究 [J]. 经济研究，2008（5）：19－32.

[81] 王兵，吴延瑞，颜鹏飞. 中国区域环境效率与环境全要素生产率增长 [J]. 经济研究，2010（5）：95－109.

[82] 王兵，刘光天. 节能减排与中国绿色经济增长——基于全要素生产率的视角 [J]. 中国工业经济，2015（5）：57－69.

[83] 王奇，王会，陈海丹. 中国农业绿色全要素生产率变化研究：1992－2010 年 [J]. 经济评论，2012（5）：24－33.

[84] 王玲. 我国物流产业技术效率实证研究——基于能源消耗与碳排放内生化的测度 [J]. 软科学，2015，29（10）：6－9，15.

[85] 王子敏，李婵娟. 中国互联网发展的节能减排影响实证研究：区

域视角 [J]. 中国地质大学学报（社会科学版），2016，16（6）：54－152.

[86] 王溪薇. 信息化对我国产业能源强度影响的测算 [J]. 统计与决策，2018（7）：152－154.

[87] 王轩，杨天剑，舒华英. 信息通信技术（ICT）碳减排贡献研究 [J]. 中国软科学，2010（S1）：144－148.

[88] 王奇，叶文虎，邓文碧. 信息产业与可持续发展 [J]. 中国人口·资源与环境，2001，11（3）：107－109.

[89] 王兰英，邵宇宾，杨帆. 论信息产业与可持续发展 [J]. 中国人口·资源与环境，2011，21（2）：86－90.

[90] 王元丰. 如何破解产学"两张皮"？[N]. 光明日报，2014.12.23.

[91] 王可，李连燕. "互联网＋"对中国制造业发展影响的实证研究 [J]. 数量经济技术经济研究，2018，35（6）：3－20.

[92] 温忠麟，张雷，侯杰泰，刘红云. 中介效应检验程序及其应用 [J]. 心理学报，2004，36（5）：614－620.

[93] 温忠麟，叶宝娟. 中介效应分析：方法和模型发展 [J]. 心理科学进展，2014，22（5）：731－745.

[94] 肖攀，李连友，唐李伟，苏静. 中国城市环境全要素生产率及其影响因素分析 [J]. 管理学报，2013，10（11）：1681－1689.

[95] 肖利平. "互联网＋"提升了我国装备制造业的全要素生产率吗 [J]. 经济学家，2018（12）：38－46.

[96] 解春艳，丰景春，张可. 互联网技术进步对区域环境质量的影响及空间效应 [J]. 科技进步与对策，2017，34（12）：35－42.

[97] 谢康，肖静华，周先波，乌家培. 中国工业化与信息化融合质量：理论与实证 [J]. 经济研究，2012，47（1）：4－16，30.

[98] 徐升华，毛小兵. 信息产业对经济增长的贡献分析 [J]. 管理世界，2014（8）：75－80.

[99] 许小年. 商业的本质和互联网 [M]. 北京：机械工业出版社，2020.

[100] 薛建良，李秉龙. 基于环境修正的中国农业全要素生产率度量 [J]. 中国人口·资源与环境，2011，21（5）：113－118.

[101] 杨晓维，何昉. 信息通信技术对中国经济增长的贡献—基于生产性资本存量的测算 [J]. 经济与管理研究，2015（11）：66－73.

［102］杨俊，陈怡．基于环境因素的中国农业生产率增长研究［J］．中国人口·资源与环境，2011，21（6）：153－157.

［103］叶初升，惠利．农业生产污染对经济增长绩效的影响程度研究——基于环境全要素生产率的分析［J］．中国人口·资源与环境，2016，26（4）：116－125.

［104］叶初升，任兆柯．互联网的经济增长效应和结构调整效应［J］．南京社会科学，2018（4）：18－29.

［105］尹海洁．信息化的发展与中国产业结构及劳动力结构的变迁［J］．中国软科学，2002（6）：117－119.

［106］俞立平，周曙东，钟钰．基于 PANEL DATA 的中国互联网发展影响因素分析［J］．中国软科学，2007（5）：138－141.

［107］于斌斌．产业结构调整与生产率提升的经济增长效应——基于中国城市动态空间面板模型的分析［J］．中国工业经济，2015（12）：83－98.

［108］于斌斌．产业结构调整如何提高地区能源效率？——基于幅度与质量双维度的实证考察［J］．财经研究，2017，43（1）：86－97.

［109］余泳泽，杨晓章，张少辉．中国经济由高速增长向高质量发展的时空转换特征研究［J］．数量经济技术经济研究，2019，36（6）：3－21.

［110］原毅军，谢荣辉．FDI、环境规制与中国工业绿色全要素生产率增长——基于 Luenberger 指数的实证研究［J］．国际贸易问题，2015（8）：84－93.

［111］袁宝龙，李琛．环境规制政策下创新驱动中国工业绿色全要素生产率研究［J］．产业经济研究，2018（5）：101－113.

［112］张骞．互联网发展对区域创新能力的影响及其机制研究［D］．济南：山东大学，2019.

［113］张亚斌，金培振，沈裕谋．两化融合对中国工业环境治理绩效的贡献——重化工业化阶段的经验证据［J］．产业经济研究，2014（1）：40－50.

［114］张三峰，魏下海．信息与通信技术是否降低了企业能源消耗——来自中国制造业企业调查数据的证据［J］．中国工业经济，2019（2）：155－173.

［115］郑世林，周黎安，何维达．电信基础设施与中国经济增长［J］．经济研究，2014（5）：77－90.

[116] 周黎安. 晋升博弈中政府官员的激励与合作——兼论我国地方保护主义和重复建设问题长期存在的原因 [J]. 经济研究, 2004 (6): 33-40.

[117] 朱秋博, 白军飞, 彭超, 朱晨. 信息化提升了农业生产率吗? [J]. 中国农村经济, 2019 (4): 22-40.

[118] 左鹏飞, 姜奇平, 陈静. 互联网发展、城镇化与我国产业结构转型升级 [J]. 数量经济技术经济研究, 2020, 37 (7): 71-91.

[119] Ark B V, Melka J, Mulder N. ICT investment and growth account for the European Union: 1980-2000 [J]. Review of Income and Wealth, 2002, 48 (1): 1-14.

[120] Aigner D, Lovell C, Schmidt P. Formulation and estimation of stochastic frontier production function models [J]. Journal of Econometrics, 1977, 6 (1): 21-37.

[121] Acharya R. ICT use and total factor productivity growth: Intangible capital or productivity extemalities [J]. Oxford Economic Papers, 2016, 68 (1): 16-39.

[122] Alexandre R. ICT penetration and aggregate production efficiency: empirical evidence for a cross-section of fifty countries [J]. Journal of Applied Economical Sciences, 2008 (3): 65-72.

[123] Arellano M, Bover O. Another look at the instrumental variable estimation of error-components models [J]. Journal of Econometrics, 1995, 68 (1): 29-51.

[124] Brynjolfsson E, Hitt L. Paradox lost? Firm-level evidence on the returns to information systems spending [J]. Management Science, 1996 (42): 541-558.

[125] Banker R D, Charnes A, Cooper W. Some models for estimating technical and scale inefficiencies in data envelopment analysis [J]. Management Science, 1984 (30): 155-173.

[126] Battese G E, Coelli T J. A model for technical inefficiency effects in a stochastic frontier production function for panel data [J]. Empirical Economics, 1995, 20 (2): 325-332.

[127] Bernstein R, Madlener R. Impact of disaggregated ICT capital on electricity intensity in European manufacturing [J]. Applied Economics Letters,

2010, 17 (17): 1691 – 1695.

[128] Blundell R, Bond S. Initial conditions and moment restrictions in dynamic panel data models [J]. Journal of Econometrics, 1998 (87): 115 – 143.

[129] Baron R M, Kenny D A. The moderator-mediator variable distinction in social psychological research: conceptual, strategic and statistical considerations [J]. Journal of Personality and Social Psychology, 1999, 51 (6): 1173.

[130] Senhadji A S. Sources of economic growth [J]. IMF Working Papers, 1999.

[131] Colecchia A, Schreyer P. ICT investment and economic growth in the 1990s: Is the United States a unique case? A comparative study of nine OECD countries [R]. OECD Science, Technology and Industry Working Papers, 2001 (7), OECD Publishing.

[132] Choi C, Yi M H. The effect of the internet on economic growth: evidence from cross-country panel data [J]. Economics Letters, 2009, 105 (1): 39 – 41.

[133] Czemich N, Kretschmer T, Woessman L. Broadband infrastructure and economic growth [J]. Economic Journal, 2011, 121 (5): 505 – 532.

[134] Chu S Y. Internet, economic growth and recession [J]. Modem Economy, 2013 (4): 209 – 215.

[135] Charnes A, Cooper W, Rhodes E. Measuring the efficiency of decision making units [J]. European Journal of Operational Research, 1979, 2 (6): 429 – 444.

[136] Chambers R, Y H Chung, R Fare. Benefit and distance function [J]. Journal of Economic Theory, 1996 (70): 407 – 419.

[137] Chung, Yangho, Rolf Fare Shawna Grosskopf. Productivity and undesirable outputs: A directional distance function approach [J]. Journal of Environmental Management, 1997 (51): 229 – 240.

[138] Caves D W, Christensen L R, Diewert W E. The economic theory of index numbers and the measurement of input, output and productivity [J]. Econometrica, 1982 (50): 1393 – 1414.

[139] Chambers R G, Fare R, Grosskopf S. Productivity growth in APEC

countries [J]. Pacific Economic Review, 1996 (1): 181 – 190.

[140] Choi Y, D H Oh, Zhang N. Environmentally sensitive productivity growth and its decompositions in China: A Metafrontier Malmquist-Luenberger productivity index approach [J]. Empirical Economics, 2015, 49 (3): 1017 – 1043.

[141] Cho Y, Lee J, Kim T Y. The impact of ICT investment and energy price on industrial electricity demand: Dynamic growth model approach [J]. Energy Policy, 2007, 35 (9): 4730 – 4738.

[142] Czernich N, Falck O, Kretschmer T. Broadband infrastructure and economic growth [J]. Economic Journal, 2011, 121 (552): 505 – 532.

[143] Collard F, P Feve, F Portier. Electricity consumption and ICT in the French service section [J]. Energy Economics, 2005 (27): 541 – 550.

[144] Cardona M, Kretschmer T, Strobel T. ICT and productivity: Conclusions from the empirical literature [J]. Information Economics and Policy, 2013, 25 (3): 109 – 125.

[145] Daveri F. The new economy in Europe, 1992 – 2001 [J]. Oxford Review of Economic Policy, 2002, 18 (3): 345 – 362.

[146] Dewan S, Kraemer K L. Information technology and productivity: Evidence from courtry-level data [J]. Management Science, 2000, 46 (4): 548 – 562.

[147] Danish, Khan N, Baloch M A. The effect of ICT on CO_2 emissions in emerging economies: Does the level of income matters? [J]. Environmental Science and Pollution Research, 2018, 25 (23): 22850 – 22860.

[148] Dolores Añón Higón, Roya Gholami, Farid Shirazi. ICT and environmental sustainability: A global perspective [J]. Telematics and Informatics, 2017, 34 (4): 85 – 95.

[149] Dewan S, Min C. The substitution of information technology for other factors of production: A firm level analysis [J]. Management Science, 1997, 43 (12): 1660 – 1675.

[150] Erdmann, Lorenz, Hilty, Lorenz M. Scenario analysis: Exploring the macroe-conomic impacts of information and communication technologies on greenhouse gas emissions [J]. Social Science Electronic Publishing, 2010, 14

（5）：826 –843.

［151］ Fuhr J P, Pociask S. Broadband and telecommuting：Helping the U. S. environment and the economy ［J］. Low Carbon Economy, 2011, 2 （1）：41 –47.

［152］ Fukuyama H, Weber W L. Output slacks-adjusted cost efficiency and value-based technical efficiency in DEA models ［J］. Journal of the Operations Research Society of Japan, 2009, 52 （2）：86 – 104.

［153］ Färe R, Grosskopf S. Productivity growth, technical progress and efficiency change in industrialized countries ［J］. American Economic Review, 1994 （84）：66 –83.

［154］ Färe R, Grosskopf S, Pasurka J. Accounting for air pollution emissions in measures of state manufacturing productivity growth ［J］. Journal of Regional Science, 2001, 41 （3）：38 –409.

［155］ Forman C, Goldfarb A, Greenstein S. The internet and local wages：A puzzle ［J］. The American Economic Review, 2012, 102 （1）：556 –575.

［156］ Gelenbe E, Caseau Y. The impact of information technology on energy consumption and carbon emissions ［J］. Ubiquity, 2015 （6）：1 – 15.

［157］ Hailu A, Veeman T S. Environmentally sensitive productivity analysis of the Canadian pulp and paper industry, 1959 – 1994：An input distance function approach ［J］. Journal of Environmental Economics & Management, 2000, 40 （3）：251 –274.

［158］ Hailu A, Veeman T S. Alternative methods for environmentally adjusted productivity analysis ［J］. Agricultural Economics, 2001, 25 （2）：211 – 218.

［159］ Hansen B E. Threshold effects in non-dynamic panels：Estimation, testing, and inference ［J］. Journal of Econometrics, 1999, 93 （2）：345 – 368.

［160］ Heddeghem W V, Lambert S, Lannoo B. Trends in worldwide ICT electricity consumption from 2007 to 2012 ［J］. Computer Communications, 2014, 50 （9）：64 –76.

［161］ Han B, Wang D, Ding W. Effect of information and communication technology on energy consumption in China ［J］. Natural Hazards, 2016, 84 （9）：

1 - 19.

[162] Hilty L M, Arnfalk P, Erdmann L. The relevance of information and communication technologies for environmental sustainability: A prospective simulation study [J]. Environmental Modelling & Software, 2006, 21 (11): 1618 - 1629.

[163] Wing I S, Eckaus R S. Explaining long-run changes in the energy intensity of the U. S. economy [R], MIT Joint Program on the Science and Policy of Global Change, Report No. 116, Cambridge MA, September 2004.

[164] Ishida H. The effect of ICT development on economic growth and energy consumption in Japan [J]. Telematics & Informatics, 2015, 32 (1): 79 - 88.

[165] Ivus O, Boland M. The employment and wage impact of broadband deployment in Canada [J]. Canadian Journal of Economics, 2015, 48 (5): 1803 - 1830.

[166] Joseph R. The internet and the new energy economy [J]. Resources, Conservation and Recycling, 2002, 36 (3): 197 - 210.

[167] Jorgenson D W, Stiroh K J. Raising the speed limit: U. S. economic growth in the information age [J]. Brookings Papers on Economic Activity, 2000 (1): 125 - 235.

[168] Jorgenson D W. Motohashi K. Information technology and the Japanese economy [J]. Journal of the Japanese and International Economies, 2005 (19): 140 - 481.

[169] Jorgenson D W. Information technology and the world economy [J]. Scandinnvian Journal of Economics, 2005, 107 (4): 631 - 650.

[170] Jorgenson D W, Stiroh K J. Information technology and growth [J]. American Economic Review, 1999, 89 (2): 109 - 115.

[171] Kevin J, Stiroh K J. Information technology and the U. S. productivity revival: A review of the evidence [R]. Federal Reserve Bank of New York, Working paper, 2002.

[172] Kumbhakar S C, Subal C. Estimation and decomposition of productivity change when production is not efficient: A panel data approach [J]. Econometric Review, 2000 (19): 425 - 460.

[173] Koutroumpis P. The economic impact of broadband on growth: A simultaneous approach [J]. Telecommunications Policy, 2009 (33): 471 –485.

[174] Kumbhakar S C, Denny M, Fuss M. Estimation and decomposition of productivity change when production is not efficient: A panel data approach [J]. Econometric Reviews, 2000, 19 (4): 312 –320.

[175] Litan R E, Rivlin A. M. Projecting the economic impact of the internet [J]. American Economic Review, 2001, 91 (2): 313 –317.

[176] Laitner J A. Information technology and U. S. energy consumption: energy hog, productivity tool, or both? [J]. Journal of Industrial Ecology, 2002, 6 (2): 13 –24.

[177] Loko B, Diouf M A. Revisiting the determinants of productivity growth: whats new? [R]. IMF Working Papers, 2009.

[178] Lee B, Wilson C, Pasurka C. The Good, the bad and the efficient: Productivity, efficiency and technical change in the airline industry: 2004 –2008 [J]. Carl Pasurka, 2014, 2 (2): 18959 –18973.

[179] Luenberger D G. New optimality principles for economic efficiency and equilibrium [J]. Journal of Optimization Theory and Applications, 1992, 75 (2): 221 –264.

[180] Mohtadi H. Environment, growth, and optimal policy design [J]. Journal of Public Economics, 1996, 63 (1): 119 –140.

[181] Malmquist S. Index numbers and indifference surfaces [J]. Trabajos De Estadistica, 1953, 4 (2): 209 –242.

[182] Managi S, Kaneko S. Environmental productivity in China [J]. Economics Bulletin, 2004, 17 (2): 1 –10.

[183] Murtishaw S, Schipper L. Disaggregated analysis of US energy consumption in the 1990s: Evidence of the effects of the internet and rapid economic growth [J]. Energy Policy, 2001, 29 (15): 1335 –1356.

[184] Moyer J D, Hughes B B. ICTs: Do they contribute to increased carbon emissions? [J]. Technological Forecasting & Social Change, 2012, 79 (5): 919 –931.

[185] Mason S. The impact of telecommuting on personal vehicle usage and environmental sustainability [J]. International Journal of Environmental Science

and Technology, 2014, 11 (8): 2185 – 2200.

[186] Mokhtarian K, Patricia L. If telecommunication is such a good substitute for travel, Why does congestion continue to get worse? [J]. Transportation Letters, 2008, 1 (1): 1 – 17.

[187] Oh, Heshmati A. A sequential Malmquis-Luenberger productivity index: Environmentally sensitive productivity growth considering the progressive nature of technology [J]. Energy Economics, 2010, 32 (6): 1345 – 1355.

[188] Ozcan B, Apergis N. The impact of internet use on air pollution: Evidence from emerging countries [J]. Environmental Science & Pollution Research, 2018, 25 (5): 4174 – 4189.

[189] Perrin R K, Rezek J P. Environmentally adjusted agricultural productivity in the great plains [J]. Western Journal of Agricultural Economics, 2004, 29 (2): 346 – 369.

[190] Romer P M. Endogenous technological change [J]. Journal of Political Economy, 1990, 98 (5), 71 – 102.

[191] Röller L, Waverman L. Telecommunications infrastructure and economic development: A simultaneous approach [J]. American Economic Review, 2001, 91 (4): 909 – 923.

[192] Roach S S. America's technology dilemma: A profile of the information economy [R]. Morgan Stanley Special Economic Study, 1987.

[193] Rolf, Färe, Shawna, Grosskopf. A comment on weak disposability in nonparametric production analysis [J]. American Journal of Agricultural Economics, 2009, 91 (2): 535 – 538.

[194] Raghavan B., Ma J. The energy and emergy of the internet [C]. ACM, 2011 (11), No. 9: 1 – 6.

[195] Sadorsky P. Information communication technology and electricity consumption in emerging economies [J]. Energy Policy, 2012, 48 (9): 130 – 136.

[196] Shephard R W. Theory of cost and production functions [J]. Journal of Economic History, 1970, 31 (3): 721 – 723.

[197] Saidi K, Toumi H, Zaidi S. Impact of information communication technology and economic growth on the electricity consumption: Empirical evidence from 67 countries [J]. Journal of the Knowledge Economy, 2015, 8 (3):

789 – 803.

[198] Salahuddin M, Alam K, Ozturk I. Is rapid growth in internet usage environmentally sustainable for Australia? An empirical investigation [J]. Environmental Science & Pollution Research, 2016, 23 (5): 4700 – 4713.

[199] Takase K, Murota Y. The impact of IT investment on energy: Japan and US comparison in 2010 [J]. Energy Policy, 2004, 32 (11): 1291 – 1301.

[200] Tone K. A slacks-based measure of efficiency in data envelopment analysis [J]. European Journal of Operational Research, 2001, 130 (3): 498 – 509.

[201] Wu Yanrui. Productivity growth, technological progress, and technical efficiency change in China: A three-sector analysis [J]. Journal of Comparative Economics, 1995, 21 (2): 207 – 229 .

[202] Walker W. Information technology and the use of energy [J]. Energy Policy, 1985, 13 (5): 458 – 476.

[203] Weber W L, Domazlicky B R. Productivity growth and pollution in state manufacturing [J]. The Review of Economics and Statistics, 2001, 83 (1): 195 – 199.

[204] Yaisawarng S, Klein J D. The effects of sulfur dioxide controls on productivity change in the U. S. electric power industry [J]. Review of Economics & Statistics, 1994, 76 (3): 447 – 460.

[205] Yörük B K, Zaim O. Productivity growth in OECD countries: A comparison with Malmquist index [J]. Journal of Comparative Economics, 2005, 33 (33): 401 – 420.

[206] Yongmoon P, Fanchen M, Awais B M. The effect of ICT, financial development, growth, and trade openness on CO_2 omissions: An empirical analysis [J]. Environmental Science and Pollution Research, 2018, 25 (30): 30708 – 30719.

[207] Jinghai Zheng, Xiaoxuan Liu, Arne B. Efficiency, technical progress, and best practice in Chinese state enterprises (1980 – 1994) [J]. Journal of Comparative Economics, 2003 (31): 134 – 152.

后　记

　　本书是在我的博士论文基础上整理而成的，我要特别感谢我的导师湖南大学经济与贸易学院的罗能生教授！罗老师不仅品德高尚，待人宽厚，关爱学生，而且学识渊博，对学术问题的判断具有广阔的视野和独到的见解，不论在学术研究方面还是在为人处世方面，导师都是我一生学习的榜样。我的博士论文从开始选题、研究思路的确定到后期的修改完善与定稿都得到了导师悉心的指导，导师对我论文中的每一章内容都给出了详细的修改意见，使我能够不断完善自己的论文。

　　其次，我要感谢参与我的博士论文答辩的五位专家，他们是湖南大学经济与贸易学院的侯俊军教授、李松龄教授、陈乐一教授、湖南工商大学经济与贸易学院的易棉阳教授以及湖南师范大学商学院的曹虹剑教授。感谢他们对我的论文提出的宝贵修改意见。

　　最后，我要感谢为本书提供出版机会的经济科学出版社，感谢责任编辑和审稿人对本书提出的宝贵修改建议。

　　本书在写作过程中参考了许多学术界前辈的研究成果，在此对他们表示衷心的感谢。当然，由于本人自身学术水平有限，书中可能存在各种各样的不足，敬请广大读者批评指正，本人将不胜感激。

刘运材

2022 年 11 月